戦後映倫関係資料集

第4巻　映画倫理規程審査記録(3)

解説　中村 秀之

クレス出版

第6巻　映画倫理規程審査記録(5)

映画倫理規程審査記録

●日本映画連合会

第63号《昭和29年10月10日》
第64号《昭和29年11月10日》
第65号《昭和29年12月10日》
第66号《昭和30年1月10日》
第67号《昭和30年2月10日》
第68号《昭和30年3月10日》
第69号《昭和30年4月10日》
第70号《昭和30年5月10日》
第71号《昭和30年6月10日》
第72号《昭和30年7月10日》
第73号《昭和30年8月10日》
第74号《昭和30年9月10日》
第75号《昭和30年10月10日》

※収録した資料は国立国会図書館の許諾を得て、復刻したものである。資料への書き込み、破損・文字の掠れ・誤字等は原本通りである。

戦後映倫関係資料集 第2回 ■各巻収録一覧■

第4巻　映画倫理規程審査記録(3)

映画倫理規程審査記録
●日本映画連合会

第39号《昭和27年10月5日》
第40号《昭和27年11月5日》
第41号《昭和27年12月5日》
第42号《昭和28年1月5日》
第43号《昭和28年2月5日》
第44号《昭和28年3月5日》
第45号《昭和28年4月5日》
第46号《昭和28年5月5日》
第47号《昭和28年6月5日》
第48号《昭和28年7月5日》
第49号《昭和28年8月10日》
第50号《昭和28年9月10日》

第5巻　映画倫理規程審査記録(4)

映画倫理規程審査記録
●日本映画連合会

第51号《昭和28年10月5日》
第52号《昭和28年11月10日》
第53号《昭和28年12月10日》
第54号《昭和29年1月10日》
第55号《昭和29年2月□日》　＊第55号奥付の日付のみ空欄
第56号《昭和29年3月10日》
第57号《昭和29年4月10日》
第58号《昭和29年5月10日》
第59号《昭和29年6月10日》
第60号《昭和29年7月10日》
第61号《昭和29年8月10日》
第62号《昭和29年9月10日》

39

映画倫理規程

審査記録

27.9.1　27.9.30

日本映画連合会
映画倫理規程管理委員会

目次

管理部記事

○専門審査員として新たに荒田正男氏（脚本家）が委嘱されました

審査脚本一覧

社名	題名	受付日	審査終了日	備考
東映	人生劇場 第一部 青春愛慾篇	八、三一	九、一	「人生劇場第一部」の改題
大映	二人の瞳	九、一	九、三	
大映	大《だい》佛《ぶつ》開《かい》眼《げん》	九、一	九、三	
新東宝	モンテンルパの夜は更けて	九、一	九、四	「モンテンルパの夜」の改題
松竹	武蔵と小次郎	七、二四		
〃	改訂版	九、二	九、四	改訂第二稿
新東宝	芸者ワルツ	九、四	九、五	
東映	ひめゆりの塔	八、二五	九、六	
東映	今日は会社の月給日	九、五	九、六	
松竹	嵐というもん	九、五	九、八	

a—2

新星映画	真空地帯	九、五	九、九	
大映	巣鴨の母	九、八	九、九	
大映	明日は日曜日	九、八	九、一〇	
松竹	カルメン純情す	九、九	九、一一	
東宝	恐妻時代	九、九	九、一一	
松竹	うず潮	九、一〇	九、一一	
東宝	丘は花ざかり	九、一〇	九、一二	
新芸術プロダクション	りんご園の少女	九、一一	九、一二	
大映	千羽鶴	九、一五	九、一八	
東映	人生劇場 第二部 残侠離愁篇	九、一一	九、一三	「人生劇場第二部」の改題
東映	銭なし平太捕物帖	九、一二	九、一三	
東宝	港へ来た男	九、二〇	九、二二	
東宝	「銀座八丁」より 七色の街	九、二〇	九、二二	

松竹	花咲くわが家	九、一七	九、二五	「汽車の家」の改題
東映	流賊黒馬隊 第二部 月下の対決	九、二五	九、二六	
東宝	次郎長三国志第一部 次郎長売出す	九、二六	九、二九	
アトム映画	風雲卍旅	九、二七	九、二九	

◎ 新作品 …………………… 二六

シナリオ数 …………………… 二七（内改訂版一）

内訳＝松竹 六（内改訂版一） 東宝 五 大映 五

新東宝 二 東映 六 新星映画 一 新芸術プロ 一

アトム映画 一

脚本審査概要

人生劇場
第一部　青春愛慾篇
東映

製作　マキノ光雄
企画　星野和平
〃　岩井金男
原作　尾崎士郎
脚本　八木保太郎
〃　棚田吾郎
監督　佐分利信

時は大正のなかば頃　青年青成瓢吉が情熱と人の世の現実に苦悩する青春の彷徨を描く

全体に問題はないが　次の二ケ所に注意をねがった

（A）早稲田の学生達（大正年代）が酒をのみ、放歌高吟して川っぷちでそろって小便をする件があるが　これは演出上注意して現場を見せないでほしい（風俗）

（B）浴場にある女二人が出るが　裸体が見えないよう演出上注意をねがいたい（風俗）

（すでにこの二項は　提出前に演出家の方で留意されていた旨あとから申添へられた）

二人の瞳

大映

企画　加賀四郎
脚本　小国英雄
監督　仲木繁夫

国境を越えた愛情に結ばれる米国少女と日本の五人の孤児の物語

希望事項なし

大《だい》佛《ぶつ》開《かい》眼《げん》

大映

製作　永田雅一
企画　松山英夫
〃　辻久一
原作　長田秀雄
脚本　八木隆一郎
監督　衣笠貞之助

天平の時代相と政治的葛藤を背景に大佛鋳造に心魂を傾ける若き技術者の殉職と悲恋を描く

希望事項なし

モンテンルパの夜は更けて	新東宝

製作 滝井孝二
〃 青柳信雄
脚本 八住利雄
監督 青柳信雄

比島の獄窓にある死刑囚とその家族の人間的苦悩をめぐって戦争によって起る悲劇の根底を描く

国際感情を充分尊重され慎重に製作されたい（国家）
父親幸三の扱いは徒らな軍国主義への郷愁にならぬよう演出注意されたい　従ってシーン83〜84の幸三と道夫のやりとりももう一息再考して戴きたい（国家）

武蔵と小次郎	松竹

製作 小倉浩一郎
脚本 八木隆一郎
〃 鈴木兵吾
監督 マキノ雅弘

二剣士の宿命的な試合をめぐって　その人間的精神の対決を描く

2—7

希望事項なし

芸者ワルツ

新東宝

製作　渡辺邦男
〃　柴田万三
原作　大林　清
脚本　笠原良三

生活のために芸者となつた斜陽族の令嬢をめぐるラヴ・ロマンス

希望事項なし

ひめゆりの塔

東映

製作　マキノ光雄
企画　伊藤武郎
脚本　水木洋子
監督　今井　正

沖縄戦の悲劇「姫百合部隊」女学生の最后を描く

この作品の審査で最も注意しなければならないのは国際的な国民感情に関する点であると思われた

製作者側はこの脚本の内容は沖縄の激戦にまき込まれた「ひめゆり部隊」が逃れるに道なく遂に全滅したと云うことを物語っているだけで　あくまで批判的な態度を避け　「ひめゆり部隊」の事実を出来るだけそのまゝに近いかたちで映画化することを意図したものである由を主張されたのであるが　しかしたとえ批判的でなく書かれたとは云っても「ひめゆり部隊」の全滅と云うこの事実そのものが映画化される場合国際的な国民感情に関して先ず十分な考慮が払われていなければ倫理規程の面よりしてこの映画化は絶望であろうと考えられる

そこでこの国際的な国民感情に関して十分な考慮が払われていると云うことが認められるための改訂を先ず希望した　具体的な希望事項は次の如きものである

一、この映画の製作意図が国際的な国民感情などは離れた処にあることが判るタイトルを挿入していただく（国家）

二、この脚本を読んだ感じでは　「ひめゆり部隊」や負傷者ばかりで殆んど戦斗力のない人人に対し　余りにも激烈な攻撃が加えられるのであるが　この激烈な攻撃に関し何か前

a—9

撒かなければ困ると思う　例えば（S123）よりずっと前に既に投降勧告のビラがまかれるとか或いは「ひめゆり部隊」の或る者はその投降勧告に応じて安全に保護されていると云うことでもあれば　この激烈な攻撃についても幾分かは合理的な感じにもなるてあろう（国家）

又病院に対する攻撃についても　混乱した戦線の状態であるための混乱した実状と云う点が判る程度の演出注意を望みたい（国家）

三「ひめゆり部隊」は壕から出て来ると　その都度忽ち機銃でバタバタ打ち殺されることになっているし　筏の上にいる彼女達も　やはり同じ調子で全部打ち殺されてしまうがこのような場合　女子であり非武装であることが相手に判っているにも拘わらず相手が敢て打ち殺してしまうと云うような感じには絶対ならぬよう演出上十分注意して貰いたい（国家）

四米軍云々の個所は全部「敵」と改訂していただく　「鬼畜米英」などは勿論止めていたたく（国家）

以上は具体的な希望事項であるが　なおその上全体的に国際的な国民感情と云う点に関し出来る限り十分に注意して演出していただきたいと希望した（国家）

その外部分的に不可と思われるもの改訂希望は次の如きものである

一シーン24　二十四号壕の中の独歩患者の台詞「ガス患者と一緒じゃやり切れない」は例え

は「気狂いと一緒じゃやり切れない」と云うように改めること（残酷）

二　シーン42やはり二十四号壕の中で重傷患者が洗い水を飲み「あゝおいしかった」と云って息絶えるシーンがあるが　この水はただ余り綺麗でない水と云う位にして欲しい　余りにむごい感じを避けるために（残酷）

（附記）

担当の審査員として　国民感情に関する点で審査に慎重を期するため　又国民感情に関する当方の希望事項も甚だ微妙なものでもあるので　一応製作者側代表との談合を終った後　その製作者側代表に対し　この映画のその他の主なる製作関係者にも当方の希望事項を完全に諒解して貰うことを要望した　そしてその十分な諒解を得て漸くこの脚本の審査を終了した次第である

今日は会社の月給日	東映

企画　栄田清一郎
脚本　宮田輝明
　　　井上薫
監督　中川信夫

社会のからくりに躍らされて行く下級サラリーマンの夢と現実の悲哀を描く

要望事項なし

嵐といふらん	松竹

製作　大町龍夫
原作　獅子文六
脚本　橋田寿賀子
監督　瑞穂春海

宿命的な虚栄の血の故に罪を犯す斜陽族の恋愛悲劇

密輸のヘロイン（麻薬）と云う言葉は止めて戴きたい旨希望した（法律）

真空地帯	新星映画社

製作　嵯峨善兵
。協力製作　岩崎昶
　　　　　　能登節雄
原作　野間宏
脚本　山形雄策
監督　山本薩夫

旧軍隊の内幕を一インテリ兵士の眼を通じて描く

（1）シーン35 江崎と云う兵隊が 女の「奇声と共に瀬戸のくびに」抱きつく件 醜悪にならない程度に止められたい（風俗）

（2）シーン41 山海楼花枝の室 寝具や枕などを見せないで欲しい 演出上どうしても布団が無ければ困る時は 枕など直接寝ることを暗示するものをかくして欲しい（性）

（3）シーン46 染の台詞の中の「こんなとこへ あれしにゆきはりまんのか」の「あれしに」を除いて欲しい（性）

（附記） 自主改訂本がさらに提出された

巣鴨の母	大映

企画 浅井昭三郎
脚本 八尋不二
監督 安達伸生

未だ開かれぬ巣鴨拘置所の門を隔てゝ呼び交す戦犯の子とその母の愛情を描く

戦争裁判の是非と講和に絡む戦犯釈放の問題について稍々一方的と思われる主張の窺える以下の個所を国際感情尊重の上から再考改訂して戴きたい旨希望した（国家）（三ヶ所）

(1) シーン29 巣鴨看守詰所での有吉の言葉

(2) シーン74 道子の家の表 シーン75 二万田さんの家の喜い公 辰さんの言葉

(3) シーン78 巣鴨雑居房 戦犯AB の会話

明日は日曜日	大映

企画 上井逸雄
原作 源氏鶏太
脚本 須崎勝弥
監督 佐伯幸三

会社生活の明け暮れに現われるさまざまのサラリーマン気質をユーモラスに描いたもの

希望事項なし

カルメン純情す	松竹

製作 小倉武志
脚本
監督 木下恵介

a-14

無智純情な一人の女の素直な行動が　今日の社会を諷刺批判する話

希望事項なし

恐妻時代	東宝

製作　藤本真澄
脚本　木下藤吉
〃　猪俣勝人
監督　佐伯清

現代夫婦生活の流行現象の中で新婚の男女が描く愛情の起伏

希望事項なし

うず潮	松竹

製作　桑田良太郎
原作　林芙美子
脚本　長瀬喜伴
監督　原研吉

a—15

亡夫を慕いつゝ愛児と共に苦難の道を歩む女性が新しい愛情に目覚めて第二の人生へ出発する物語

希望事項なし

丘は花ざかり	東宝

製作　藤本真澄
原作　石坂洋次郎
脚本　井手俊郎
〃　水木洋子
監督　千葉泰樹

現代生活に花咲くさまざまの世代の恋愛風俗を描いたメロドラマ

希望事項なし

リンゴ園の少女	新芸術プロダクション

製作　福島通人
〃　杉原貞雄
企画　旗一兵
原作　阿木翁助
〃　小沢不二夫

a―16

〃　滝野　敏

脚本　長谷川公之

〃　小沢不二夫

監督　島　耕二

美しい津軽のリンゴ園を舞台に描く歌の上手な少女をめぐる愛情物語

希望事項なし

千羽鶴	大映

原作　川端康成

脚本　新藤兼人

監督　吉村公三郎

四人の女性の愛恋のこころと生の姿を描く

希望事項なし

人生劇場 第二部 残侠離愁篇
東映

製作 大川博
〃 マキノ光雄
企画 星野和平
〃 岩井金男
原作 尾崎士郎
脚本 八木保太郎
〃 棚田吾郎
監督 佐分利信

「人生劇場」続篇

蟇野の階上（シーン13） おとよと宮川の件 布団が敷いてあるようにみえるが 演出上枕を見せないよう注意してほしい（性）
またこの表で嫖客及び女達の描写があるが（シーン16など その他）あまり刺戟的な印象を与えないようにやってほしい（風俗）
なお この第二部は全体的に（どこかとディテールにわたってでなく）やくざ者肯定の気分が底流となつて印象づけられる心配があるが この点演出上注意してもらえると幸である
（社会）
（附記）なお 第一部 第二部各自主改訂本が出る由である

a―18

銭なし平太捕物帖	東映

企画　柳川武夫
原作　シャンペンクラブ同人
脚本　村松道平
監督　田中重雄

珍妙な二人組の岡っ引が陰謀団を捕縛する時代喜活劇

希望事項なし

港へ来た男	東宝

製作　田中友幸
原作　梶野悳三
脚本　成沢昌茂
〃　本多猪四郎
監督　本多猪四郎

港に集る捕鯨船の男たちの意気地と恋を描く海洋劇

(1) シーン40　岡部がパッと新沼の股間を蹴る「ウッ」と急所を押えて屈みこむ新沼――
という表現は明瞭に演出されないことを希望する（風俗）

2―19

(2) シーン41 「キンタマ蹴られて・・・・」と云う言葉が二度出てくるが 余り露骨な感じがすると思う 下品でない云い廻し方にして欲しい （風俗）

「銀座八丁」より 七色の街	東宝

原作 武田麟太郎
脚本監督 山本嘉次郎

新聞記者とバアの女給を中心に銀座八丁の風俗を描く音楽劇

希望事項なし

花咲くわが家 （「汽車の家」の改題）	松竹

製作 田岡敬一
原作 井原敏
脚本 津路嘉郎
監督 野崎正郎

a—20

鉄道事業に挺身する一家の愛情を描く

希望事項　なし

流賊黒馬隊 第二部　月下の対決	東映

企画　大森康正
〃　佐藤字之助
脚本　比佐芳武
監督　松田定次

対立斗争する二つの部族が　悪代官の陰謀を知り　協力してこれを仆す時代活劇

希望事項　なし

次郎長三国志第一部 次郎長売出す	東宝

製作　本木荘二郎
原作　村上元三
脚本　松浦健郎
〃　村上元三
監督　マキノ雅弘

若き日の清水次郎長が　その人物を慕われて次第に衆望を集めて行く頃の物語

(1)バクチ場のシーンは　いずれも余り詳細な描写は避けて戴くよう希望した（法律）

(2) シーン64 仁義を切ることは この脚本の程度のものは教育上悪影響ありと思われるので脚本を改訂して戴くよう希望した （教育）

風雲卍《まんじ》旅
アトム映画社

製作 マキノ正美
企画 徳田一三
原作 火野葦平
〃 原田種夫
脚本 八尋不二
〃 若尾徳平
監督 マキノ正美

幕末の風雲裡に使命に仆れる若き志士と悲恋の乙女をめぐる時代活劇

(1) シーン1〜4はそれぞれ勤皇讃美の感じが強過ぎると思われるので その点を改訂すること。（社会）（四ケ所）

(2) シーン34 平野の台詞「今禁中から声がかゝれば 必ず錦旗の下に馳せ参ずるに違いありませぬ」は前項と同じ理由で やはり改訂のこと（社会）

(3) シーン61 勘八「へエ 姐さんみたいな美しい人の持ち物を何か欲しいと思いましてへへ」 お菊「いやらしい人だね」は風俗上好ましからず改訂のこと （性）

(4) シーン118 お菊の斬られるところは過度に残酷な感じにならぬよう演出注意のこと（残酷）

希望事項は以上である

a―22

審査集計

	規程條項	関係脚本題名及希望個所数		集計
1	国家及社会	「モンテンルパの夜は更けて」	2	17
		「ひめゆりの塔」	6	
		「巣鴨の母」	3	
		「人生劇場」(第二部)	1	
		「風雲卍旅」	5	
2	法律	「蘭というらん」	1	2
		「次郎長売出す」	1	
3	宗教	希望事項なし		
4	教育	「次郎長売出す」	1	1

8—1

5	風俗	「人生劇場」（第一部）2 「真空地帯」1 「人生劇場」（第二部）1 「港へ来た男」2	6
6	性	「真空地帯」2 「人生劇場」（第二部）1 「風雲卍旅」1	4
7	残酷醜汚	「ひめゆりの塔」2 「風雲卍旅」1	3

8—2

審査映画一覧

審査番号	題名	会社名	巻数	呎数	製作	企画	原作	脚本	監督	主演
	○劇映画									
七七二	彼を殺すな	松竹	十一	九、一一六	小倉武志			久板栄二郎	岩間鶴夫	佐野周二 高峰三枝子
八〇六	鳩	〃	五	三、九七二	山本武			中山隆三	野村芳太郎	石浜明 小園容子
七七一	牛若丸	〃	十二	一〇、三六八	杉山茂樹	福島通人		八住利雄	大曽根辰夫	美空ひばり 水島道太郎
七〇〇	お茶漬の味	〃	十二	一〇、三五九	山本武			野田高梧	小津安二郎	佐分利信 小暮実千代
八〇五	お嬢さん社長と丁稚課長	〃	九	七、一五二	久保光三		長谷川幸延	津路嘉郎	萩山輝男	高橋貞二 水原真知子
七五一	三百六十五代目の親分	〃	五	三、九八五	久保光三		森永武治	中村定郎	秋山耕作	川喜多雄二 草間百合子

6―3

七八二	武蔵と小次郎	松竹	十一	八六三〇	小倉浩一郎			八木隆一郎 鈴木兵吾	マキノ雅弘	辰巳柳太郎 島田正吾
七九七	トンチンカン捕物帖 まぼろしの女	東宝	九	七四五一	加藤譲		城昌幸	八住利雄	斉藤寅次郎	榎本健一 花菱アチャコ
七七六	結婚案内	〃	十一	八八二三	藤本真澄			長谷川公之	杉江敏男	小泉博 杉葉子
六六〇	生きる	〃	十五	一二八五五	本木荘二郎			小国英雄 黒沢明	黒沢明	志村喬 小田切みき
七九三	勘太郎月夜唄	大映	九	七一三〇		亀田耕司		八住利雄	田坂勝彦	長谷川一夫 乙羽信子
七八〇	美女と盗賊	〃	十一	九六〇六		加賀四郎	芥川竜之介	八木隆一郎 木村恵吾	木村恵吾	森雅之 京マチ子
七九〇	腰抜け巌流島	〃	十一	七八二三		浅井昭三郎		民門敏雄	森一生	森繁久弥 三條美紀
七九二	稲妻		九	八〇七〇		根岸省三	林芙美子	田中澄江	成瀬巳喜男	高峰秀子 小沢栄
七五九	チョイト姐さん 思いで柳	新東宝 伊藤プロ	十	七〇一二	伊藤基彦	柴田万三	阿木翁助	佐伯幸三	佐伯幸三	山村聰 関千恵子

6—4

七九四	娘十九はまだ純情よ	新東宝	八	六、九一八	井内久		鹿島孝二	井手雅人	毛利正樹	灰田勝彦 南寿美子
七六一	慟哭	新東宝 東京プロ	十二	一〇、二五八	星野和平			猪俣勝人	佐分利信	佐分利信 阿部寿美子
八〇一	清水次郎長傳 石松三十石船・七五郎の義侠 青木屋の決斗・富鬼堂の最後	新東宝	九	七、四九三	杉原貞雄			三村伸太郎	並木鏡太郎	月形龍之助 田崎潤
八二〇	芸者ワルツ	〃	九	七、四四五			大林清	笠原良三	渡辺邦男	竜崎一郎 相馬千恵子
七八一	クイズ狂時代	東映	九	八、一八三		三上訓利		清島長利 津路嘉郎	佐藤武	小林桂樹 阿井三千子
七八四	泣虫記者	〃	十	九、一四二		岡田寿之	入江徳郎	八木保太郎 舟橋和郎	春原政久	上原謙 宮城野由美子
八〇九	鞍馬天狗一騎討	〃	八	六、四五四		竹中美弘	大佛次郎	民門敏雄	萩原遼	嵐寛寿郎 宮城千賀子
八二二	今日は会社の月給日	〃	七	六、三二九		栄田清一郎		宮田輝明 井上晴	中川信夫	伊豆肇 利根はる恵
七二五	満月三十石船	〃	九	七、二九〇		鄕川武夫		吉村公三郎	丸根賛太郎	河津清三郎 山田五十鈴

3—5

七八九	その夜の誘惑	宝塚映画	十	七八八二				安達伸生	安達伸生	二本柳寛 新珠三千代
七九一	佐渡ヶ島悲歌	新映	十	七八〇〇				舘岡謙之助	安田公義	根上淳 藤田泰子
八一四	さくらんぼ大将	芸苑プロ	十	七二九〇	石田達郎		菊田一夫	清島長利	田中研	古川緑波 村瀬禅

○予告篇

七七一一T	松竹製作ニュース 第九五号	松竹		牛若丸
七二八一T一	夏子の冒険	〃		特報
七〇〇一T一	お茶漬の味	〃		特報
七〇〇一T二	松竹製作ニュース 第九六号	〃		お茶漬の味
七九七一T	トンチンカン捕物帖 まぼろしの女	東宝		
七七六一T	結婚案内	〃		
六六〇一T	生きる	〃		

8—6

七九三－T	大映ニュース 第二一五号	大映		助太郎月夜唄
S－三五－T	〃 第二一六号	〃		時の貞操（新版）
七八〇－T	〃 第二一七号	〃		美女と盗賊
七九〇－T	〃 第二一八号	〃		腰抜け巌流島・稲妻・二人の瞳・いついつまでも
七九二－T	〃 第二一九号	〃		稲妻
七九四－T	娘十九はまだ純情よ	新東宝		
七六一－T	慟哭	新東宝 東京プロ		
八〇一－T	清水次郎長伝	新東宝		
八二〇－T	芸者ワルツ	〃		
六一九－T	モンテンルパの夜は更けて	〃		
七二五－T	満月三十石船	東映		
七八四－T	泣虫記者	〃		
八〇九－T	鞍馬天狗一騎討	〃		

6—7

八二二－T	今日は会社の月給日	東映		
七一三－T	原爆の子	近代映画協会		
八四一－T	さくらんぼ大将	芸苑プロ		

○併映短篇

E－五〇〇	大仏さまと子供たち	蜂の巣プロ	十	
E－五〇一	三太と千代の山	新理研 日本相撲協会映画部	五	四、一九六
E－五一〇	選挙戦のうらおもて	全国映画	四	三、五〇五
E－五一一	原爆の図	新星映画社	二	一、五五三
E－五一九	原爆犠牲第一号	日映新社	一	七五〇
E－五〇五	茨城県ニュース第八号	茨城県弘報課	一	九九七
E－五二〇	〃 第七号	〃	一	九〇〇
E－四七二	新しき日本 岡山篇	毎日新聞社	一	

E－四八〇	生れ変る自動車群	新理研	二	一、三〇〇	
E－四八四	港の一日	函館スクール・プロ 北日本映画	一	九〇〇	
E－四九九	新緑の北海道	松竹	一		天然色観光映画
E－五〇四	こんなことは夢ではない	日本自動車工業協会	三	二、五二三	
E－五一二	ラジオの話	東宝教育 北映プロ	二	一、八七五	松下電器産業株式会社企画
E－五一四	ダイヤモンド ミシンの十分間	北映プロ	一	八六〇	
E－五一七	オリンピック体操派遣 五人の選手団	北欧映画	二	一、六〇〇	日本体操協会企画

○スポーツニュース

P－二二三	ムービータイムズ 第二二三号	プレミア			
P－二二四	〃 第二二四号	〃			
P－二二五	〃 第二二五号	〃			
P－二二六	〃 第二二六号	〃			

6－9

P-一二七	ムービータイムズ 第二二七号	プレミア		

○新版

S-一二五	時の貞操 総集版	大映	九 八四〇〇	企画 伊賀山正徳 原作 小山いと子 脚本 八木保太郎 監督 吉村廉 昭和二十三年五月製作
S-一二六	織田信長	日活	十 九三七〇	原作 鷲尾雨工 脚本 観修寺光太 監督 マキノ正博 昭和十五年十一月製作
S-一二七	剣光桜吹雪	〃	十 八六六九	原作 白秋詩路 脚本 宮元重 監督 菅沼完二 昭和十六年三月製作

8—16

映画審査概要

○武蔵と小次郎　松竹

立廻りの一部（一八呎）残酷につき削除希望し実行された

○美女と盗賊　大映

(1) 第三巻　踊りのシーン　女の乳房が露出するカット（三カット）を削除希望し　心配のないカットに入換えられた

(2) 第十一巻　藪の中の立廻りの一部　及びラストの兄弟が女一人を追って斬りつける描写少し過度で印象としてはやゝ残酷に過ぎるので短縮を希望し実行された（一四呎）

○クイズ狂時代　東映

郵便配達夫が手紙を人に依頼する件　郵便法の上から思わしくないので削除希望し実行された（二〇呎）

6―11

○さくらんぼ大将　　芸苑プロ

四巻目　葬式行列が紙幣を拾いに行くシーン　宗教の尊厳に対して不可と思われるので削除希望し実行された　（二五呎）

○新しき日本　岡山篇　　毎日新聞社

入浴中の女の裸体削除希望し　実行された

○織田信長　　日活

天皇制讃美の台詞三ヶ所削除希望し実行された

○剣光櫻吹雪　　日活

死を軽んじる封建的な考え方を讃美する印象が　やや過度にして無批判なところを二ヶ所削除希望し実行された　（一八五呎）

6—12

宣伝広告審査概要

○該当事項なし

各社封切一覧

封切月日	審査番号	題名	製作会社	備考
松竹				
九月三日	七三六	現代人	松竹	
九月十一日	七七二	彼を殺すな	松竹	
九月十七日	七七一	牛若丸	松竹	
九月二十五日	八〇五	お嬢さん社長と丁稚課長	松竹	
	七五一	三百六十五代目の親分		

6—13

東宝				
九月四日	七六八	続三等重役	東宝	
九月十一日	七五三	昔話ホルモン物語	宝塚映画	
九月十八日	七九七 S－一二一 E－五一〇	トンナンカン捕物帖 まぼろしの女 虎造の荒神山 選挙戦のうらおもて	東宝 東宝 宝塚映画	 （新版）
九月二十五日	七七六	結婚案内	東宝	
大映				
九月四日	七九一 七大二	佐渡ヶ島悲歌 大あばれ孫悟空	大映	
九月十一日	七九三	勘太郎月夜唄	大映	
九月十八日	S－一二五	時の貞操	大映	（新版）
九月二十三日	七八〇	偸盗より 美女と盗賊	大映	
新東宝				

6—14

九月四日	七九五	チョイト姐さん思いで柳	新東宝 伊藤プロ
九月十一日	七九四	娘十九はまだ純情よ	新東宝
九月十八日	E—五〇一 八一四	三太と千代の山 さくらんぼ大將	新理研 大日本相撲協会 芸苑プロ
九月二十五日	八〇一	石松三十石船・七五郎の長侠・香木屋の決闘・閻魔堂の最后 清水次郎長伝	新東宝
東映			
九月四日	七八一 六七七	クイズ狂時代 山河を越えて	東映 文芸プロ
九月十日	七二五	満月三十石船	東映
九月十八日	七九四	泣虫記者	東映
九月二十五日	八〇九	鞍馬天狗一騎討	東映

6—15

映画倫理規程審査記録　第三十九号

昭和二十七年十月五日発行

発行責任者　池田義信

東京都中央区築地三ノ六

日本映画連合会

映画倫理規程管理部

電話築地(55)二八〇二番
〇六九六番

映画倫理規程審査記録

第40号

40

映画倫理規程

審査記録

27.10.1～27.10.31

日本映画連合会

映画倫理規程管理委員会

目次

管理部記事

○映画「裸と太陽」に関する記事と広告文について

「新夕刊」（十月五日附）紙上に掲載された映画「裸と太陽」（原名『エリジヤミ』）に関する「映画倫理規程」がこの映画の公開を「許可」した如き記事及び「内外タイムス」（十月九日附）紙上の同映画広告中に右記事の一部が転用されている件について、管理部の立場を明らかにして置きます。

右の「新夕刊」の記事については　十月四日　同紙平島記者より、この種映画に関する映倫側の態度と従来の処理方法を質問して来られた際　管理部として過去の処理例を種々説明し　この映画については未だ何等関係を有せず　意見の申述べようもない旨明答致しました。恐らく新聞社側としては過去の処理例より推測して映倫側が恰もこの映画の公開につき「差支えない」とするかの如き記事を「管理委員談」として掲載されたものと思います。この映画そのものについて　又その公開については　映倫は現在全く関与していないのですから　これを「差支えなし」とする判断などが生れる筈はないのであります。

a—1

然るにこの記事が右に述べた如く、「内外タイムス」紙上の広告に転用される事態が起りましたので 管理部としては直ちに上映劇場「銀座コニー・バーレスク」の森田氏及び「新夕刊」の手島記者に対し 記事の誤りを指摘し 広告取扱い上の注意を希望致しました所 両氏共当方の意向を充分諒承し善処する旨の回答に接しましたので ここにその間の経緯を明らかにして置きます、

○「原爆の子」輸出をめぐって

あやまって傳えられた「原爆の子」輸出禁止の噂は いまだにまだ一部では事実のように信じられている模様であり（最近の「読書新聞」や「週刊朝日」ロータリ欄など）また その噂の流布され広く問題とされたため「原爆の子」の輸出に対して海外の業者のなかには躊躇をみせる向きも出たりしたとか云う点（「近代映画協会」の談話による）を考えるなら この際もういちどはっきりとさせておいた方がよいと思われるので 簡単にこの問題の始終をのべて意をつくしておきたい。

もともと この輸出禁止のニュースは 十月十八日の「日本経済新聞」や「時事通信」にまづとりあげられたことから起ったことのようであるが 問題が問題であるだけに 報道は事実と信じられて 或いはやゝ強調されて拡ってしまった しかし たとえば「時事

通信」には次のように報ぜられてあったのである。

『池田蔵相は十七日定例閣議後の記者団会見で映画問題にふれ　ソ連映画「ベルリン陥落」「大音楽会」の二作品および近代映画協会製作　北星配給「原爆の子」について左のとおり語った。「今日の閣議にソ連映画「ベルリン陥落」「大音楽会」輸入の件と日本映画「原爆の子」輸出の件が出たが　前者は思想的影響の点で　後者は国交関係の点で微妙な影響があるので　取扱いを慎重にすべきだという結論に達した。なおソ連映画は下半期に一本割当があるから輸入を認めないわけにはいかぬ」　なお「原爆の子」は近代映協がハワイ及び米本土向け輸出交渉をすゝめているが　きょうの談話は同作品の米国向け輸出に影響するものとして注目されている』

そして　その真実は大体次の談話からも想像されるようなものであったらしい（合同通信十月廿二日付）「十七日閣議以前の雑談に　木村法相と池田蔵相との間に「原爆の子」は場面が凄惨だと家人から聞いているが　この映画の海外輸出で米国本土で悪感情を起さないかと意見が交換されていたものが誤り伝えられたと思われる……（ジャパン映画の大田大三郎氏の事情説明の中から）」　あるいは　毎日新聞夕刊（十月廿六日付）「短評」によれば、当日の閣議でこの問題の口火を切ったのは木村法相で　ソ連映画輸入すべからずと強硬に主張　そのあとをうけて岡崎外相が日本でも「原爆の子」なんかがつくられているか　これはヨソに出さぬ方が外交上……と一席やったのだそうだ　終って記者団会

a—3

見　映画輸出入は大蔵省の所管とあつて　池田蔵相がこれこれしかじかとご披露に及んだのが　池田蔵相発言と取り違えられた——というのが真相という」

大体以上でもわかるごとく　閣議で話題となつたことは事実であるらしいが　別に法的にどう処置するというところ迄はゆかなかつたのである　また　現在のところでは　そんなことは　到底ありえよう筈がないのである。映画の輸出に際しては　大蔵省の管理令第一条第廿六号の輸出禁止品目に該当しなければよいのであつて「何れかの政府に対する謀反又は反乱を主張し又は煽動する」あるいは「風俗を害するおそれある」映画でない限り問題はあり得ないのである　さらにいえば　すでに　映倫の審査を終了し　かつ文部省の教育映画等審査委員会によつて特選映画となつているほどのものであるからには　何ら問題はありうる訳がないわけである　しかも「国際通信」十月廿一日付も報ずるごとく「大蔵省が七月三十一日付で全国税関長宛に発した「輸出入映画フイルムの取扱についての通牒」（八月二日付本通信全文収録）によると　映倫マークのある映画の輸出は税関をパスさせてもよろしい」ということになつていて　すでにそのとき映連輸出映画委員会の外地上映許可証明書も出ていたのであつた。だから　映画「原爆の子」に関する限り　輸出禁止ということはありえないことであつたのであり　それ故にまたこの問題はその反響が大きかつたのでもあろうと考えられる。もともとこの映画は　かゝる関心をよぶべき取材のものであるだけに　審査にあたつては　充分慎重を期したつもりであり　そのために完成映画審査（八月五日松竹試写室にて）にあたってすでに　外国感情を刺戟しないように　製作意図を解説したごとき欧文タイトルを冒頭につけられたなら一層よいのではないかということを提言し　製作者側の承諾を得てあったのである。しかるに一部の報道にはこの輸出禁止問題が起ったために　右のごとき処置をあらためて当方がとったごとき印象を与える記事が出たのは　まことに残念であった。即ち　映画「原爆の子」は映倫審査を終了した際　「この映画は外国へも輸出されるであろうから　その場合を考慮するならこの映画のよき意図が誤解されては困るので　原爆による人間の悲劇を再びこの世にあらしめないために　この映画がつくられたといった解説字幕を冒頭に附加されるとよい」という旨の談合がおこなわれ　近代映画協会山田典吾氏の製作者側としての承諾がえてあつたのである。決して外部からの制約によつて　あらためてこんな処置がとられたものでないことを諸方にもとくと了解しておいてほしいと思う。要は、われわれはつねに公正な立場にたつて審査を行ってきたものであることを　こんどのこの問題によつても知つていただきたいものと思うが　さらに諸方の御協力によつて一層の徹底をこの際のぞみたいと思うものである。

a—5

審査脚本一覧

社名	題名	受付日	審査終了日	備考
宝塚映画	天狗の源内	九・三〇	一〇・一	
松竹	明日は月給日	九・二九	一〇・二	
キヌタプロ 日本炭鉱労働組合北海道地方本部	女ひとり大地を行く	九・一五		「美しき女坑夫の一生」の改題
〃	改訂版	九・三〇	一〇・三	
大映	社長秘書	一〇・二	一〇・三	
松竹	白面公子荒波太郎 若君罷り通る	一〇・一	一〇・六	
新東宝 新生プロ	踊太郎笠 自主改訂版	一〇・二	一〇・七	
大映	秘密	一〇・六	一〇・九	「慶子の秘密」「由起子とお母さん」の改題
松竹	春の鼓笛	一〇・六	一〇・九	
新東宝	アチヤコ青春手帖 大阪篇	一〇・七	一〇・九	

a—6

松竹	あなたほんとに凄いわね	一〇・七	一〇・九	
新理研	拾った人生	九・三〇	一〇・一〇	
松竹	びっくり三銃士	一〇・一〇	一〇・一三	
大映	都会	一〇・一三	一〇・一五	
大映	街の小天狗	一〇・一三	一〇・一五	
新東宝 藤本プロ	夕焼け富士	一〇・一〇	一〇・一七	
松竹	鬼吉喧嘩状 喧祭清水港	一〇・一六	一〇・一八	「富士川の血斗 鬼吉喧嘩状」の改題
東宝	風雲千両船	一〇・一七	一〇・二〇	
東映	飛びっちょ判官	一〇・二一	一〇・二二	
東京映画	春の囁《ささや》き	一〇・二二	一〇・二二	
松竹	情火	一〇・二二	一〇・二三	
新東宝 藤本プロ	女といふ城 前後篇	一〇・二三	一〇・二七	
新東宝	サラリーマン喧嘩三代記	一〇・二三	一〇・二七	

a—7

東映	紺屋高尾	一〇・二七	一〇・二八	
新東宝 新生プロ	ハワイの夜	一〇・二七	一〇・二八	
大映	新州天馬侠	一〇・二八	一〇・二九	
東映	二人の母	一〇・二八	一〇・三〇	

◎ 新作品 …………………… 二五

シナリオ数 …………………… 二七（内改訂版二）

内訳　松竹　七　東宝　一　大映　五　新東宝　六（内改訂版一）

東映　三　キヌタプロ 日光プロ 北海道地方本部　二（内改訂版一）

新理研　一　東京映画　一　宝塚映画　一

◎ 審査シノプシス …………………… なし

a—8

脚本審査概要

天狗の源内	宝塚映画

脚本　中西順三
監督　倉谷勇

醜い鼻を持っているが心は美しい快男子の悲恋を描く

希望事項なし

明日は月給日	松竹

製作　小倉武志
原作　宮崎博史
〃　北島一郎
〃　鹿島孝二
脚本　柳沢類寿
監督　川島雄三

老夫婦を中心に明るい愛情に結ばれた一家の生活を描く

希望事項なし

a—9

女ひとり大地を行く （「美しき女坑夫の一生」の改題）	キヌタプロ 日炭労 北海道地方本部

製作　河野竜磨
脚本　新藤兼人
〃　千秋茂夫
〃　松岡しげる
〃　石田正治
監督　亀井文夫

父を失つた二人の子を育てつつ　炭鉱に働く母　それをめぐる人々と時代の動きを描く

(1) シーン82以下の解放された捕虜の取扱いは　外国感情を刺戟しまいように演出されたい。（国家）

(2) シーン110　外国人が宴会に出席している所は　外国感情を刺戟しないよう希望する、この外人のセリフはその意味に於て削除を希望する。（国家）

(3) シーン118　外国兵の取扱いも同じ理由で演出上注意されたい。（国家）

(4) シーン128　「どうせ戦争につかわれる石炭だもんな　いつかの新聞に北洋炭が朝鮮に送られるっていうこと　ちゃんと出てたぞ」という台詞は外国感情を刺戟する恐れがあると考えられるので　削除又は他の表現に変更を希望する。（国家）

a—10

(5) シーン140「戦争のために掘らされてる……」という台詞も上記と同じ理由で削除を希望。（国家）

社長秘書	大映

企画　辻　久一
脚本　八尋不二
監督　加戸　敏

機敏な社長秘書の縦横無尽の活動ぶりを描くサラリーマン喜劇

希望事項なし

白面公子篏波太郎 若君罷り通る	松竹

製作　杉山茂樹
脚本　鈴木兵吾
監督　冬島泰三

ａ—11

徳川家世嗣を決する密書の争奪に絡まる松平長七郎の活躍を描く

(1) シーン29 出雲が佐久間を斬り殺すところ 人命軽視の感が強い 改訂していただきたい。（社会）

(2) 風呂場のシーンは風俗上充分注意して演出していただきたい （風俗）

彌太郎笠（自主改訂版）	新東宝 新生プロ

希望事項なし

但し 個々の末節に於ては何等問題とすべき点はないが、演出如何んによっては全体の雰囲気がやくざ者の美化 英雄化の讃美の傾向が出て来はしまいかを心配される。もともと典型的なやくざ者映画となる恐れある原作であり 娯楽映画一才のものとして考えて 特に刺戟的な印象を与えない限り（必ずしも好ましいとは云えないにしろ）このまゝでも好いと考えられる、

要は以上の点を充分考慮して演出注意を払われることを乞いたい。

秘密（「由紀子とお母さん」「優子の秘密」の改題）　大映

企画　三浦信夫
原作　中村八朗（「絹の歌」より）
脚本　井手俊郎
監督　久松静児

母なき家庭を守る心美しい女中を中心に温く結ばれた家族の生活を描く

(1) シーン40「搔爬手術云々」の台詞は女主人公が無届堕胎を犯したことになるから改訂を希望する（法律）

春の鼓笛　松竹

製作　山口松三郎
原作　富田常雄
脚本　沢村勉
監督　中村登

若き人々の働きつつ生きる喜びを追う恋愛メロドラマ

希望事項なし

アチヤコ青春手帖 大阪篇

新東宝

製作 児井英生
原作 長沖一
脚本 山崎謙太
監督 野村浩将

「東京篇」の続篇

希望事項なし

あなたほんとに凄いわね

松竹

製作 田岡敬一
脚本 淀橋太郎
監督 柳沢類寿

浅草の小劇場を舞台とした恋愛喜劇

シーン16及びシーン20にある踊り子が赤ん坊に乳を飲ませるところ演出上注意されたい
（風俗）

拾った人生	新理研

製作　中崎敏
脚本　笠原良三
監督　西村元男

敗残の競輪選手を主人公とする簡易保険宣伝映画

希望事項なし

びっくり三銃士	松竹

製作　市川哲夫
原作　あといきくらぶ同人
脚本　伏見晁
〃　鈴木兵吾
〃　沢村勉
監督　斉藤寅次郎

正邪相争う船員達とめぐるある港町の人情喜活劇

希望事項なし

都会　大映

企画　三浦信夫
脚本
監督　木村恵吾

都会生活に憧れた田舎娘が体験する社会の現実を描く

希望事項なし

街の小天狗　大映

企画　根岸省三
脚本　菊島隆三
監督　吉村廉

柔道練達の警察官と薬品密造犯人の死斗を描く探偵劇

希望事項なし

8—4

夕焼け富士

新東宝
綜芸プロ

製作	竹中美弘
原作	大佛次郎
脚本	八尋不二
監督	中川信夫

と父の無実の罪を明さんとする快剣士が蹶起して悪人一味を仆す時代活劇

(1) 自決場面（社会）槍刺殺（残酷）漂う死体（残酷）等は夫々封建的乃至残虐に亘らぬよう注意すること

(2) 女主人公美穂の仇討に対する考え方を反省的にすること（社会）

希望事項は以上の通りである

鬼吉喧嘩状
唄祭清水港
「富士川の血汗 鬼吉喧嘩状」の改題

松竹

製作	小倉浩一郎
脚本	柳川真一
〃	沢村勉
監督	渡辺邦男

次郎長一家の名物男 桶屋の鬼吉をめぐる悪と人情の物語

◎◎◎◎◎
やくざ礼賛の感じを避けるために　全体として喜劇調を強くすることに留意して演出して戴きたい（社会）

風雲千両船

東宝

製作　清川峰輔
原作　村上元三
脚本　三村伸太郎
監督構成　稲垣浩

幕末の長崎を舞台に軍艦買入を争う朝幕の葛藤に絡ませて新しい時代への夢を描く

（1）字幕及び台詞に「尊皇」の言葉が出るが　これはこれだけのもので　描写や筋に直接の影響がないからこのままにし　それとひきかえて　宣伝　或いは予告篇にて　いわゆる勤王佐幕時代的なうりかたを強調しないように注意して欲しい（社会）

（2）篇中　盲目の乙女がうたう唄が未定となっている　この歌詞は一応提出して欲しい

（3）シーン103（ラスト近く）　幕府派の庄田が事に破れて切腹し果てた後が描写されるらしいが　これはいわゆる切腹の慣習形式を強調しない自殺の形にとどめた印象であって欲しい（社会）

（4）シナ人王朱明は　外国人のこと故演出上注意して欲しい（勿論これは悪人として描かれ

ているのではないが　侮蔑　軽視の匂いの出ないよう演技扮装の点で注意して欲しい）
（国家）

註（1）の尊皇と云う台詞のみは（字幕を除く）京都派と云った言葉に従来代えてきた例に従い　そのようにされれば又別の意味で幸いであるが　これはいずれでも好い念のため右の如き例を製作者に伝えておいた

飛びっちょ判官	東映

企画　坪井与
原作　子母沢寛
脚本
監督　渡辺邦男

庶民を助け悪を挫く遠山金四郎の活躍物語

全体的には問題はないが　このなかに出てくる金四郎その他の刺青の描写はすべて全面でなく一部分にとどめ　かつ近写でないこと　この刺青については　劇中彫刻師の辰が「まともなもののすることでない」と批判している
シーン18金さんの背中に最后の仕上げを終ってとあるのは　なるべく彫る現場を直接的に

にはみせないでほしい（社会）
なお宣伝スチールなどに刺青を誇大に使用せぬことを約束してもらった

春の囁き	東京映画

製作　加藤譲
脚本　植草圭之助
〃　古川良範
〃　豊田四郎
監督　豊田四郎

少年期から青年期に入る頃の純真な情熱が自己と社会へ衝突して行く成長の姿を一人の若人の行動に描く青春ロマンス

8—8

希望事項なし

情火	松竹

製作　高木貢一
原作　相良準二
脚本　柳井隆雄
〃　鈴木兵吾
監督　大庭秀雄

明治維新の頃の飛騨高山に舞台をとり遠大の理想を抱いて現実との戦いに空しく敗れて行く若き司政官とそれをめぐる二人の女性の悲劇を描く

希望事項なし

女という城（前後篇）	新東宝 藤プロ

製作　藤　勝三
原作　小島政二郎
脚本　館岡謙之助
監督　阿部豊

事業慾に燃える若き鉱山主と自動車会社の勝気な女販売員とをめぐる恋愛メロドラマ

（1）オートレースの選手をめぐって八百長を強要する描写があるが（画の上では結局はこの選手は八百長に従わなかったことになっているが）　容易に八百長が行われ得る印象を一般に与えては問題であるので　シーン120の京介（その選手であるが）の台詞に　八百長をしなかったのは愛人の父八十治が買っている券の為かと云われて「それはかりではないが」と言葉を濁しているのを　更にはっきりと八百長否定の台詞に代えて貰うこと

a−9

（これ故シーン107・109はそのままでも好い）（法律

(2) シーン36　芸妓鹿の子のうたう歌未定となっているが　猥雑なものに注意のこと

(3) シーン36に丸十証券とあるが　これは不正に関係してくる社である丈けに　この名の会社実在（日本橋兜町日証館内）ある故　なるべくさしさわりのないものに代えられたいこと（社会）

(4) シーン134　風呂場のシーン描写注意のこと（風俗）

(5) シーン195　キャバレー地下室のリンチは演出上注意のこと（残酷）

(6) シーン200　同じくキャバレーのシーン　赤堀の台詞「僕が今迄食べた物の中で一番旨いと思ったのは女の肉だね」は止めて欲しいこと（教育）

「サラリーマン」喧嘩三代記	新東宝

製作　坂上静翁
原作　佐々木邦
脚本　井手雅人
〃　井上梅次
監督　井上梅次

俗流に阿ることを潔しとしない祖父の性格を受けついだ文子がサラリーマン生活の現

実の中に醸し出す悲喜劇

希望事項なし

紺屋高尾	東映

企画　柳川武夫
脚本　吉村公三郎
監督　佐々木康

島原の遊女高尾と紺屋職人久一の恋と人情の時代喜劇

篇中の浪花節の文句は更に追加される旨申出があったので　それらは改めて提出して貰うことにしたが　これは喜劇であるので　いわゆる遊女讃美の例の浪曲とのみ云えないので　全体としてはこのままでも好いであろう　日活の旧作品「紺屋高尾」を内審で見て　暫く返答保留のままになっている故に念のためこれを述べておく
この中の台詞として屡々「女郎」と云う言葉が出て来るが　これは遊女・商売女　時としてはただ女と云っても通るのでそのように直して欲しいと思う　この「女郎」と云う言葉のニュアンスが　時として封建的な売春制度を直接的に意味する印象を弱めるためであり

8—11

これが喜劇であることによって　描写はまたその点を避けて描いてゆけるので　二重の意味でこのようにして欲しい（シーン19）（社会・性）（三ヶ所）

シーン24の終「俺の女郎買いの時も頼むぜ」の傍線部分削除のこと

シーン57　シーン59の浪曲文句の中の「女郎」（遊女と代える）

「大丸」のドラ息子と云うのが副人物の一人として出てくるか　これが京都での話になっている故　台詞の時はダイマルと云わないでオオマルとか何とか工夫して欲しい（実在する名前であり　金持の代表人物としてあげられる丈けに）（社会）

「お国のために」と云う台詞も　時代劇的な勤王佐幕物として安易に使われると誤解の心配もあり　これでなくともゆけるので訂正をして欲しい　これも数個所に出るが　世の中のためにかその他に訂正工夫して欲しい（社会）

シーン37の大広間の酒宴（ストリップまがいの裸踊）は卑猥にならぬようにして欲しい（風俗）

シーン67　喜八の台詞の「久一兄貴の仇を討つ」とあるのは　仕返ししてやりたいに訂正して欲しい（社会）

6—12

ハワイの夜

新東宝
新生プロ

製作 星野和平
〃 島村達芳
企画 伊藤基彦
〃 佐野宏
原作 今日出海
脚本 松浦健郎
監督 マキノ雅弘
〃 松林宗恵

日本の学生水泳選手とハワイの二世娘が戦火を越えて相慕う悲恋物語

(1) 太平洋戦争に関連する描写は軍歌使用 音楽効果をも含めて煽情的ならざる様 簡潔にして欲しい（国家）

(2) 玉音放送は従来の慣行通り・当時これを執行して行ったアナウンサーの放送使用にとどめることを希望した（国家）

新州天馬侠

大映

企画 高桑義生
原作 吉川英治
脚本 民門敏雄
監督 田坂勝彦

武田家の遺児伊那丸をめぐって富士の裾野に展開する活劇物語

8―13

希望事項なし

二人の母　東映

企画　金平軍之助
脚本　館岡謙之助
　　　山崎謙太
監督　伊賀山正徳

子供への愛にひかされ手段を尽して奪い返そうとする母に対して育ての母の愛情が遂に勝利を占める物語

希望事項なし

審査集計

規程條項	関係脚本題名及希望個所数		集計
1 国家及社会	「女ひとり大地を行く」	5	22
	「若君罷り通る」	1	
	「夕焼け富士」	2	
	「鬼吉喧嘩状」	1	
	「風雲千両船」	3	
	「飛びっちよ判官」	1	
	「女といふ城」	1	
	「紺屋高尾」	6	
	「ハワイの夜」	2	

c—1

番号	項目	希望事項	件数	計
2	法律	「秘密」	1	2
		「女といふ城」	1	
3	宗教	希望事項なし		0
4	教育	「女といふ城」	1	1
5	風俗	「若君罷り通る」	1	4
		「あなたほんとに凄いわね」	1	
		「女といふ城」	1	
		「紺屋高尾」	1	
6	性	「紺屋高尾」	3	3
7	残酷醜汚	「夕焼け富士」	2	3
		「女といふ城」	1	

○希望事項總数……三五

c—2

審査映画一覧

○劇映画

審査番号	題名	会社名	巻数	呎数	製作	企画	原作	脚本	監督	主演
八一五	未完成結婚曲	松竹	五	三、九七九	大町龍夫			淀橋太郎	穂積利昌	堺駿二 雪代敬子
八〇八	"あゝモンテンルパの夜は更けて" 母は叫び泣く	〃	九	七、八九四	山口松三郎			清島長利	佐々木啓祐	佐田啓二 紙京子
八三五	花咲くわが家	〃	五	三、七九八	田岡敬一		井原啟	津路嘉郎	野村正郎	北龍二 坪内美子
八四四	「白面公子、紫波太郎」より 若君罷り通る	〃	九	七、七一八	杉山茂樹			鈴木兵吾	冬島泰三	北上弥太郎 高千穂ひづる
八四九	あなたほんとに凄いわね	〃	五	三、九三八	田岡敬一			淀橋太郎	柳沢類寿	宮城まり子 森川信
八五〇	びっくり三銃士	〃	九	七、五二八	市川哲夫		あきれきくらぶ同人	伏見晁 鈴木兵吾	斎藤寅次郎	大木実 千秋みつる

c—3

八二八	うず潮	松竹	九	七四六四	桑田良太郎		林芙美子	長瀬喜伴	原研吉	若原雅夫 月丘夢路
七二八	夏子の冒険	〃	十一	八、五三四	小出孝		三島由紀夫	山内久	中村登	若原雅夫 角梨枝子
七九六	足にさわった女	東宝	九	七五八六	藤本真澄		沢田撫松	和田夏十 市川崑	市川崑	池部良 越路吹雪
七八六	激流	〃	十	八六四九	田中友幸			西亀元貞 谷口千吉	谷口千吉	三船敏郎 久慈あさみ
八二七	恐妻時代	〃	十	八、七二九	藤本真澄			猪俣勝人 大木英吉	佐伯清	小林桂樹 浅茅しのぶ
八一七	二人の瞳	大映	九	七四九六		加賀四郎		小国英雄	仲木繁夫	マーガレット・オブライエン 美空ひばり
八二五	巣鴨の母	〃	十一	八六八七		浅井昭三郎		八尋不二	安達伸生	三益愛子 根上淳
六八七	いついつまでも	〃	十三	一一、六六〇	永田雅一			ポール・H・スローン	ポール・H・スローン	クリス・ドレーク 木村三津子
八二四	明日は日曜日	〃	十	八、九三八		土井逸雄	源氏鶏太	須崎勝弥	佐伯幸三	菅原謙二 若尾文子

c—4

八一九	モンテンルパの夜は更けて	新東宝	八	七一八四	滝井孝二 青柳信雄			八住利雄	青柳信雄	上原謙 香川京子
八〇七	弥太郎笠（前篇）	新東宝 新生プロ	八	七二一八	星野和平	佐野忠	子母沢寛	松浦健郎	マキノ雅弘	鶴田浩二 岸恵子
八〇七―二	弥太郎笠（后篇）	〃	八	六六六六	〃	〃	〃	〃	〃	〃
八三二	銭なし平太捕物帖	東映	九	七〇九〇		柳川武夫	シャンペンクラブ同人	村松道平	田中重雄	アチャコ エンタツ
七一六	忠治旅日記 逢初道中	〃	十	九二〇〇		玉木潤一郎		比佐芳武	佐々木康	片岡千恵蔵 轟夕起子
八一一	ひよどり草紙	東映 宝プロ	九	七七八四	高村将嗣	斎藤一 マキノ真三	吉川英治	野島信吉	加藤泰	江見渉 星美千子
五三一	流賊黒馬隊 第一部 暁の急襲	東映	九	七〇三〇	マキノ光雄			比佐芳武	松田定次	市川右太衛門 長谷川裕見子
七七七	細川ガラシャ	リリア・アルバ株式会社	十		御手洗兼麿	森川公成	ハリマン ホリグエルス	末吉三平	大岩大助	山村聡 早月信子
八〇〇	残された人々	重宗プロ	十	八一三九	重宗和伸			青江舜二郎	村田武雄	

八〇二	夜明けの輝痕	協和映画	八	六八〇〇	三好[illegible]	北 貴二 三武斉太郎		片沢 晃 磯貝 隆
八四三	シミキンの拾った人生	新理研	七	五七四〇	中崎敏			笠原良三 西村元男

○予告篇

七八二－T	松竹製作ニュース 第九七号	松竹		武蔵と小次郎
八三八－T	〃 第九八号	〃		うず潮
七九六－T	足にさわった女	東宝		
八二九－T－一	丘は花ざかり	〃		第一報
七八六－T	激流	〃		
八二七－T	恐妻時代	〃		
八三五－T	大映ニュース 第二〇号	大映		巣鴨の母　大仏開眼（特報）
六八七－T	〃 第二一号	〃		いついつまでも　大仏開眼（特報）

八二七－T	〃 第二二二号	〃			二人の瞳
八二四－T	〃 第二二三号	〃			明日は日曜日
八〇七－T	弥太郎笠	新東宝 新生プロ			
八四八－T	アチャコ青春手帖 大阪篇	新東宝			
八三二－T	銭なし平太捕物帖	東映			
七一六－T	忠治旅日記 逢初道中	〃			
八一一－T	ひよどり草紙	東映 宝プロ			
八一六－T	東映東京ニュース	東映			人生劇場 ギラム ひめゆりの塔
五三一－T	流賊黒馬隊 第一部 暁の急襲	〃			
八一六－T	人生劇場	〃			
○併映短篇					
E－四九七	野獣大陸	世界映画社	四	三、五八〇	
E－五二三	動物狂騒曲	ラジオ映画	三	一、九五〇	

6―7

E－五二六	昭和二十七年秋場所大相撲 前半戦	大日本相撲協会映画部	一	九〇〇	
E－五二七	〃 後半戦	〃	一	九〇〇	
E－五一五	アド・トーキー マイたのしのホーム	日東映画	一	一〇〇〇	日本電建（株）企画
E－五二四	アド・トーキー 秋季競輪予告	〃	一	一〇〇〇	
E－五〇六	躍進する住友肥料	日映新社	二	一、三〇〇	一六ミリ
E－五一六	竹中式潜函工法	新理研	三	二五〇〇	竹中工務店 企画
E－五三〇	パトリシア丸	〃	一	九五〇	川崎重工業（株） 企画
E－五二五	僕はかけ出し記者	電通	一	四〇〇	
E－五三一	史情の街 島原	暁老映画社	一	六〇〇	島原市 企画
E－五四二	ニッサン車誕生	ゼニア・プラザース・プロ	三		
○スポーツニュース					
P－二二八	ムービー・タイムズ 第二二八号	プレミア			
P－二二九	〃 第二二九号	〃			

P—二三〇	〃	第二三〇号	〃		
P—二三一	〃	第二三一号	〃		
P—二三二	〃	第二三二号	〃		

○新版

S—一一九	蘇州夜曲	東宝	十五 八〇〇〇	製作 滝村和男 脚本 小国英雄 監督 伏見修 昭和十五年製作 旧題名「支那の夜」
S—一二八	エンタツ・アチャコの美人島探険	〃	五 四七〇〇	原作 脚本 秋田実 監督 大谷俊夫 昭和十三年製作 旧題名「心臓が強い」
S—一二九	愛憎三都錦絵	日活	八 六五二六	原作 三上於兎吉 脚本 星遠平 監督 児井英雄 指導監督 池田富保 昭和十年十一月製作
S—一三〇	マリアのお雪	第一映画	十	原作 川口松太郎 脚本 高島達之助 監督 溝口健二 昭和十年四月製作

c—9

映画審査概要

○"あゝモンテンルパの夜は更けて" 母は叫び泣く　松竹

二巻目　グラマン機が爆撃する個所（三・五呎）削除希望し実行された。

○銭なし平太捕物帖　東映

三巻目．女のつれずみのシーンは　風俗上好ましからず　削除を希望し実行された。（三呎）

○ひよどり草紙　東映宝プロ

四巻目　女の裸体．乳房の見えるところ削除希望し実行された。

○細川ガラシヤ　リリア・アルバ株式会社

受洗者の老侍が女を斬りつけるところがあるが　これが特に外国向けの映画であるだけに

c—10

過度に残酷感を出すことはどうかと思われるので　在来の時代劇でならばありうることであるが　特に以上の点を考慮し削除希望し実行された。

○残された人々　東宝プロ

劇中十数名の戦犯に死刑が施行される件があるが　その中　農村出身の杉浦に関する描写が惨酷な印象を与えるので　国際感情の面から　その部分の削除を希望し実行された。

宣伝広告審査概要

該当事項なし

各社封切一覧

封切月日	審査番号	題名	製作会社	備考
○松竹				
十月一日	七〇〇	お茶漬の味	松竹	
十月九日	八〇八	"あゝモンテンルパの夜は更けて" 母は叫び泣く	〃	
	八〇六	鳩	〃	
十月十五日	七八二	武蔵と小次郎	〃	
十月二十三日	八四四	若君罷り通る	〃	
	八一五	未完成結婚曲	〃	
十月三十日	八五〇	びっくり三銃士	〃	
	八四九	あなたほんとに凄いわね	〃	
○東宝				

十月一日	七八九	その夜の誘惑	宝塚映画	
	S―一二九	支那の夜より 蘇州夜曲	東宝	（新版）
十月九日	六六〇	生きる	〃	
十月十六日	七八八	お嬢さま捕物帖 恋の捕縄	宝塚映画	
十月二十三日	七八六	激流	東宝	
十月三十日	八二七	恐妻時代	〃	
	S―一二九	エンタツ・アチャコの 美人島探険	〃	（新版）
○大映				
十月二日	七九〇	腰抜け巌流島	大映	
	S―一〇九	右門捕物帖 蘇る影	〃	（新版）
十月九日	七九二	稲妻	〃	
十月十六日	八二五	巣鴨の母	〃	
十月二十三日	八一七	二人の瞳	〃	

十月三十日	六八七	いついつまでも	大映	
○新東宝				
十月二日	八二〇	芸者ワルツ	新東宝	
十月九日	八一九	モンテンルパの夜は更けて	〃	
十月七日	七六一	慟哭	新東宝 東京プロ	日活系にて封切
十月十六日	七六一	慟哭	〃	
十月二十三日	E－五〇〇	大佛さまと子供たち	蜂の巣プロ	
	S－一二〇	鞍馬天狗 江戸日記	日活	（新版）
十月三十日	八〇七	弥太郎笠（前后篇）	新東宝 新生プロ	
○東映				
十月二日	八二二	今日は会社の月給日	東映	
	四八七	天狗の安	〃	（新版）

C—14

十月九日	八三二	銭なし平太捕物帖	東映	
十月十六日	七一六	忠治旅日記 逢初道中	〃	
十月二十三日	八一一	ひよとり草紙	東映 宝プロ	
十月三十日	五三一	流賊黒馬隊 第一部	東映	

C—15

映画倫理規程審査記録　第四十号

昭和二十七年十一月五日　発行

発行責任者　池田義信

東京都中央区築地三ノ六
日本映画連合会
映画倫理規程管理部
電話築地(55)二八〇二
〇六九六番

C—16

映画倫理規程審査記録

第41号

41

映画倫理規程

審査記録

27.11.1～27.11.30

日本映画連合会

映画倫理規程管理委員会

目次

管理部記事

○映画「愛の道標」の問題について

十一月十三日に新宿セントラル劇場で公開上映中の映画「愛の道標」（十六ミリ二巻）が警視庁保安課の手で猥褻物陳列の容疑で押収された事実がありました。右の映画と同じ題名の映画で同称大阪映画人集団の製作による作品が曾って映画倫理規程による審査を終っているので（審査日時は昭和廿五年二月二十七日　審査番号はE—12）管理部では早速警視庁保安課風紀係長根本警部にその事実を確めました所　押収されたこのプリントには映倫のマークがなく、これは映倫の審査を終えた作品に改訂を加えて煽情的な場面を挿入したものと思われます。

尚　このほかに

ロック座で上映中の

○「若人へのはなむけ」（「性器の神秘」）

（製作マキノ正美　十六ミリ　二巻　無声）

ロマンス座で上映中の
○「限りある子宝」（監修　馬島　僩　十六ミリ　二巻）

の二篇が同時に押収を受けました．これらにも勿論「映倫」のマークは入って居りません．

このような特殊映画につきましては映画倫理規程管理委員会は昨年より　一般興行場に於て公開するには不適当なものとして審査の取扱いをせず　正しい性知識の啓発を目的とするものであれば教育的な効果を期待出来る特別の催しの時に　限られた観衆に対して利用されるように示唆して来ておりますが　映倫の審査を終っていないこれらのプリントが近頃ストリップ劇場にしばしば上映されるという傾向につきましては近い中に委員会としましても適当な処置を研究致します．

尚一般の世論は　この種類の映画上映に対して厳重な措置を講ずるように映倫に対しても期待しております．

審査脚本一覧

会社名	題名	受付日	審査終了日	備考

新東宝 新芸プロ	底抜け青春音頭	一〇・三〇	一一・一	
大映	母の瞳	一〇・三一	一一・一	
宝塚映画	千姫	一〇・三一	一一・一	
東宝	次郎長三国志第二部 次郎長初旅	一〇・一三		
〃	改訂版	一一・一	一一・四	改訂第二稿
大映	新婚のろけ節	一一・四	一一・五	「新婚経済白書」の改題
松竹	流れの旅路	一一・六	一一・七	
松竹	若奥様一番勝負	一一・六	一一・七	
新映	春ひらく	一一・六	一一・一一	
東宝	吹けよ春風 小さな鏡の中の物語	一一・七	一一・一一	
大映	総理大臣と女カメラマン 彼女の特ダネ	一一・一〇	一一・一一	「彼女の特ダネ」の改題
大映	乾杯！東京娘	一一・一一	一一・一三	
宝塚映画	暖風	一一・一三	一一・一五	

松竹	人肌剣法	一一 一五	一一 一七	「人肌系図」の改題
松竹	ひばり姫初夢道中	一一 一五	一一 一七	「ひばり姫千一夜」の改題
東映	花吹雪男祭り	一一 一七	一一 一八	
東宝	あゝ青春に涙あり	一一 一八	一一 一九	
新東宝 綜芸プロ	鞍馬天狗青銅鬼	一一 一八	一一 一九	「鞍馬天狗疾風剣」の改題
大映	陽のあたる家	一一 一七	一一 二〇	「春の扉」の改題
大映	銭形平次捕物控 からくり屋敷	一一 一八	一一 二〇	
松竹	処女雪	一一 一八	一一 二〇	
東京映画	初笑いてんやわんや物語 びっくり六兵衛	一一 一九	一一 二〇	
電通DFプロ	殺人列車三〇一号	一一 一九	一一 二一	
東映	エンタツちよび髭漫遊記	一一 二〇	一一 二一	
松竹	妻の青春	一一 二二	一一 二五	
松竹	やっさもっさ	一一 二二	一一 二五	

近代映画協会 現代プロ	村八分	一一、二〇	一一、二六	
東映	喧嘩笠	一一、二二	一一、二六	
東宝	夫婦	一一、二二	一一、二六	
東映	旗本退屈男 八百八丁罷り通る	一一、二六	一一、二八	
松竹	わが母に罪ありや	一一、二六	一一、二九	「あゝわが母に罪ありや」の改題
近代映画協会	縮図	一一、二六	一一、二九	
東映	加賀騒動	一一、二六	一一、二九	

◎新作品 …………… 三二本

シナリオ数 …………… 三三本（内改訂版一）

内訳＝松竹 八　東宝 五（内改訂版一）　大映 六　新東宝 二

東映 五　宝塚映画 二　新映 一　近代映画協会 二

電通DFプロ 一　東京映画 一

◎審査シノプシス …………… なし

a—5

脚本審査概要

底抜け青春音頭
新東宝
新芸プロ

製作 杉原貞雄
脚本 八住利雄
監督 斉藤寅次郎

明朗な三人の大学生をめぐつて巷の人々が醸し出す人情喜劇

悪い人間のたとえとしてスターリンの名を出しているのは削除して欲しい（国家）

母の瞳
大映

脚本 八住利雄
監督 安田公義

盲目の幼女をめぐつて生みの母　育ての母の愛情を描く浪曲物

希望事項なし

千姫

宝塚映画

脚本　寿々喜多呂九平
監督　野渕　昶

政略の犠牲となり　掟の前に人間としての喜びも絶たれる徳川千姫の悲劇

一、シーン34．坂崎出羽守の切腹しようとする描写及び　シーン62　千姫の台詞のなかの（左馬之介が切腹したときいたら）　シーン64　左馬之介の切腹しようとする描写など切腹については　これが封建的な美化の型式で描かないように注意されたい（社会）
台詞の切腹と云う言葉は　他の言葉に代えられるがよいと思われる

二、シーン62　千姫の台詞のなかの　〈命をかけて妾を仇と狙うたのじゃな〉　の〈仇と〉をとつてもらうこと（法律）

希望事項は以上である。

a―7

次郎長三国志第二部
次郎長初旅

東宝

製作　本木荘二郎
原作　村上元三
脚本　松浦健郎
　　　村上元三
監督　マキノ雅弘

「次郎長売出す」の続篇

(1) 仙右ヱ門の件は青少年への悪影響を考慮して　この仙右ヱ門は努めて喜劇的に演出されることを希望した　（仙右ヱ門の如き不良少年に対する批判に一そうの徹底を期するために）（教育）

(2) 仙右ヱ門とおきねが同衾しているシーン（シーン53）は風俗上好ましからず改訂を希望した。（性、風俗）

(3) シーン66　大五郎が墨染の法衣で褌を作るなどは宗教尊重の点で不都合であるので改訂を希望した　（宗教）

尚、これは第一部　第二部を通じてのことであるが　バクチのシーンは詳細に演出しないように希望した。（法律、教育）

（「新婚経済白書」の改題）新婚のろけ節　大映

企画　三浦信夫
原作　夏目咲太郎
（「新婚サラリー節」より）
脚本　笠原良三
監督　田中重雄

安月給の新婚社員をめぐる人情喜劇

希望事項なし

流れの旅路　松竹

製作　久保光三
脚本　津路嘉郎
監督　小林桂三郎

水郷を舞台に放浪の女旅役者の母性愛を描く浪曲物

希望事項なし

若奥様一番勝負

松竹

製作　大町龍夫
原作　中野実
脚本　中山隆三
監督　瑞穂春海

華やかな女流棋士を妻に持った平凡な夫の心境と夫婦の愛情を描くメロドラマ

希望事項なし

春ひらく

新映株式会社

潤色　池田忠雄
脚本
監督　斉藤達雄

娘の結婚に寄せる老サラリーマン夫婦の愛情を描く

鳩の街を背景とした描写の部分があるが　ここのところは　売春を直接的に暗示しないような演出で注意してやって欲しい　（性）

第一稿で出てくるストリップ劇場内部　表の看板等は　第二稿では無くなったので　これは

ここにふれない（第一稿と自主改訂版とを同時に審査した結果である）
尚　第二稿で追加されたシーンの中に　特飲街の家の引手部屋の描写の一部として捨吉の台詞の「開かずの扉もグジれば開く云々」に関するところ　「ここで筆おろしをさせる」云々等は訂正のこと　ここの描写・台詞は注意して貰うことにした　（風俗・性）（三ヶ所）

吹けよ春風 小さな窓の中の物語	東宝

企画　田中友幸
脚本　黒沢明
〃　谷口千吉
監督　谷口千吉

タクシーのバックミラーの中に捉えた運転手の人生観察物語

希望事項なし

総理大臣と女カメラマン 彼女の特ダネ （「彼女の特ダネ」の改題）	大映

企画　米田治
原作　今日出海
脚本　棚田吾郎
監督　仲木繁夫

a－11

特ダネを追う新聞社の女カメラマンと天文学者の首相令息の恋愛ロマンス

希望事項なし

乾杯！東京娘	大映

企画　永田　治
原作　中野　実
脚本
監督　木村恵吾

勝気な女医と朴訥な代診医師と純情な下宿の娘をめぐるラヴ・ロマンス

希望事項なし

暖風	宝塚映画

脚本　横山修三
監督　内村禄也

a―12

不良青年がふとした愛情の目覚めから明るい生活へ出発する物語

希望事項なし

人肌剣法 （「人肌系図」の改題）	松竹

製作　小倉浩一郎
脚本　柳川真一
〃　民門敏雄
〃　依田義賢
監督　伊藤大輔

人よりも家の系図を尊ぶ封建制への批判と庶民の反抗を描く時代活劇。

全体に問題はないが　終りちかく悪人に斬りつける十左が〈天誅！〉と叫んでかゝっている　その台詞はやめてもらうこと（法律）
またラストの殺陣は適当に配慮して　あまり過度にならぬよう注意せられたいことなどを希望事項としてつたえ承諾を得た（社会）

a—13

ひばり姫初夢道中 （「ひばり捜十一夜」の改題）	松竹

製作　杉山茂樹
企画　福島通人
脚本　八住利雄
監督　渡辺邦男

悪人のはびこる城から脱出した姫君が庶民の生活にまじり　さまぐの冒険の後幽閉された文を救う物語

一、シーン85　やくざ仁義は型の程度にとゞめ　口上は　でき得る限り省略されるよう希望（社会）

花吹雪男祭り	東映

企画　大森康正
脚本　若尾徳平
監督　渡辺邦男

悪旗本を懲す花川戸助六の侠勇物語

希望事項なし

あゝ青春に涙あり	東宝

製作 佐藤一郎
脚色 八田尚之
監督 杉江敏男

明朗な男女の大学生を中心にその青春の哀歓を描く
シーン3 マロニエ店内 手錠の悪戯はやめていただく（法律）
又シーン6 警官が飲酒する屋台車の前の場面は演出注意を希望（法律）

鞍馬天狗「青銅鬼」（「鞍馬天狗「疾風剣」」の改題）	新東宝 綜芸プロ

製作 竹中美弘
原作 大佛次郎
脚本 高橋博
監督 並木鏡太郎

幽閉された中山侍従を救い出す鞍馬天狗の活躍物語

希望事項なし

a—15

（「春の扉」の改題）
陽のあたる家
大映

企画 辻久一
原作 京都伸夫
脚本 和田夏十
〃 市川崑
監督 市川崑

固定した生活の空気の中へ飛び込んだ若い娘の言動が中年の夫婦の沈潜した愛情を明るく目覚めさせる物語

家事審判所は誤り　家庭裁判所のことであろう　正確を期せられたい（法律）

銭形平次捕物控
からくり屋敷
大映

企画 高桑義生
原作 野村胡堂
脚本 八尋不二
監督 森一生

邪教を捲き江戸騒乱の陰謀をあばく銭形平次の活躍物語

希望事項なし

処女雪
松竹

製作 小出孝
原作 小糸のぶ
脚本 柳井隆雄
監督 原研吉

三組の若い男女の恋愛葛藤を描くメロドラマ

希望事項なし

初笑いてんやわんや物語
びっくり六兵衛
東京映画

製作 加藤譲
原作 目黒専吉
脚本 目黒専吉
〃 久保田喬二
監督 久保田喬二

千里眼の易者に祭り上げられたやきもち亭主をめぐる時代喜劇

希望事項なし

殺人列車三〇一号
電通
DFプロ

製作 大條敬三
〃 諸岡青人
原案 長谷川公之
脚本
監督 船橋比呂志

郵便車襲撃を発端とする強盗殺人事件と科学捜査陣の活躍を描くセミ・ドキュメンタリー作品

希望事項なし

エンタツ ちよび髭漫遊記	東映

製作　高村将嗣
企画　衛藤一
原案　NHK大阪中央放送局文芸課
原作　香住春吾
脚本
監督　丸根賛太郎

腕の弱いさむらいの諸国漫遊ぶりを描く時代喜劇

希望事項なし

妻の青春	松竹

製作　山本武
原作　林房雄
脚本　光畑碩郎
監督　山本浩三

愛児を中に流れ交う夫婦愛に生きる妻の明るい幸福を描く

希望事項なし

やっさもっさ	松竹

製作　山本武
原作　獅子文六
脚本　斉藤良輔
監督　澁谷実

国際都市横浜を背景とする現代風俗図の中に　戦后の混乱から立ち上る人々の動きを描く

(1) シーン77で大西説子がホール従業員に対して産制の宣伝講演する件　このシーンの後半聴衆たる女達の野次が少しふざけ過ぎている点　注意して欲しい（性　風俗）

(2) シーン81　アパートの管理人室で刑事と亮子が油紙包みを前にしての件　この包の内容を余り直接具体的に見せないで欲しい（屍児であるらしい）（残酷醜汚）

(3) 作品全体として　これは現代日本を諷刺的に批判描写するものであるから　部分的にはどうかと思われるところも　この主題方針からこの限りで認め得ると思われるものであるが　外国感情の点に於いて　ここに出てくるドヴァールはカナダ人となっているが結局は国籍不明の外人を云うことになればよいと思うし　特定のある外人の典型として択ばれた人物として批判的に印象づけられるから　決して外人全体を悪く云ってることには必ずしもならないであろうと信ずる　尚　黒人兵シモンの表現は決して軽視の心配のないよう　特に注意して演出して欲しい（国家）

混血児問題が論議されている折柄（この作品の扱い方は良心的であると思われるが）その点も考慮して作品全体を演出して欲しい旨注意を希望した（国家）

尚もし法的な疑義があれば　厚生省児童局と接渉されたい

村八分

現代プロ
近代映画協会

製作　山田典吾
　　　絲屋寿雄
脚本　新藤兼人
演出補導　吉村公三郎

静岡県の村八分事件に取材した社会劇

(1) シーン33の台詞「裏の竹藪でOKね」「さわって頂戴」は聊か猥褻にすぎると思われるので改訂を希望した（性風俗）

(2) シーン83　赤（共産党）を以て無条件に「悪」の代名詞化する事は穏当を欠く　依って改訂を希望した（社会）

(3) シーン21　「喋った奴はすぐ分るだ　新聞記者は去ったもんの名を隠しとる訳にはいかねえだから云々……」（社会）及びシーン70　警官の思想調査に関する件（法律）は

夫々一般に誤解を生ぜしめる事がなき様補訂方を希望した

喧嘩笠	東映

企画　玉木潤一郎
原作　村上元三
脚本　高岩肇
監督　萩原遼

清水次郎長と大前田英五郎の喧嘩早い次男坊をめぐる恋と義侠の物語

シーン29　女親分のお蝶が片肌を脱いで　緋牡丹の刺青を見せるところは　刺青讃美の印象が強いので　改訂を希望した　（社会）

夫婦	東宝

製作　藤本真澄
脚本　水木洋子
　　　井手俊郎
監督　成瀬巳喜男

貸間住いのサラリーマン夫婦の日常に微妙に流れる生活感情を描く

希望事項なし

旗本退屈男 八百八丁罷り通る	東映

企画　西原孝
〃　佐藤宇之助
原作　佐々木味津三
脚本　鈴木兵吾
監督　佐々木康

江戸覆滅の陰謀を暴く「旗本退屈男」の活躍物語

(1) シーン114　田丸のお光に対するリンチ（鞭）は過度にならざるよう注意のこと（残酷）

(2) シーン118　ここを前後として主水之介切腹の件（台詞は「切腹」の言葉を避けてあるようだが）これは封建的な一慣習であり　ともすると武士階級の讃美ともなるのであるから　その演出は美々しく見せて讃美の印象を与えないよう　特に十分に注意してやって欲しいこと　（社会）

(3) シーン128　白雲斉の最後の件　悪を英雄化する台詞「頼む　大山師大友白雲斉の最後を許されよ」　それに対して主水之介が彼の自決を認める形になっては困るので　主水之

介の止める間もなくといった形にして　その先きの台詞は取ること（法律）（二ケ所）
更に主水之介の次の台詞「待て　敵ながら天晴れの最後……（捕吏に対して）邪魔を致すまいぞ」は止めて貰う（法律）（大映「修羅城秘聞」のラストに同様あり　参照されたい）

あゝ我が母に罪ありや　松竹

製作　山口松三郎
脚本　橋田壽賀子
監督　佐々木啓祐

ここに提出されたシナリオで見る限りでは全体的にいって　所謂「己が罪」や「須磨の仇波」などの新派悲劇のもつが如き反近代的な封建的道徳の美化をねらったものと云うべく規程の前文に照してみても　これでは何としてもなっとく出来がたいと云わねばならぬよって全体に亙って　せめてその気懸りな個所でも十分訂正して貰い　且つ演出に於てもその点を考慮して演出されることこそ望ましいと思う　以下その関心の個所を上げる
(1)シーン58　雪子の台詞　「雪子はあんな立派なお家の人になる資格のない女なの……」
（社会）

(2) シーン64　税務署の課長が永之介に言う台詞の最後に　訓戒の言葉を更に追加の要あり
と思う　これは永之介の以下の行動及びシーン80のマダムの里枝に対しての台詞などと
対照すれば　税務官吏一般に対する誤解の印象を与へる惧れある　（法律）

(3) シーン80の右にあげたマダムの台詞「税金ごまかすくらい　税務署へ勤めてりゃ当然の
役得よ　しないのが馬鹿なのよ　甲斐性が無いってゆうのよ」は如何に何でも非常識す
ぎる　もっと間接的な表現でもってせられたい　（法律）

(4) シーン87　登世の母性的犠牲としての台詞の中の「まだこの身体が役に立つのならね」
（性）　同じシーンの隣室との襖を開けると派手な夜具が見えるとあるは　ここでは止
めて欲しい　（性）

(5) シーン96　登世が里枝の永之介宛の書きおき手紙をへ手にとると思いきって破り中身
を出してみるとあるところ　この思いきっては　他人の封書を急場のため開けるのであ
るから　認められない訳ではないから　演出上一応躊躇して切る形にして欲しい（社会）
尚　この登世の台詞の最後にこの里枝の行動に対する批判として　つまり古い女と少し
も変らない考え方だと云った批判を入れて欲しい　（社会）　勿論シーン105で登世は里枝
を批判している描写があるが

(6) シーン106の登世の台詞「せめてこんなことでも」と殺人をもって子をかばうことを正当
化讃美する印象を与えるので訂正の要がある　（法律）

(7) シーン112　証人台に立ってマダムの台詞の中の「何人の女があのベッドへ入ったことか」は女性軽視の傾もあり　「何人の女をあのベッドへ連れ込んだか」と男側からのべ代える要あり（社会）

(8) シーン122　弁護士の直人の台詞（ここらあたりの法的型式については当該官庁の見解を聞いて正しく直す旨申出あり）の罰せられるべきはこの母に無実の十字架を背負わせた（偶然であり社会であって）とあるは　批判不足であり　むしろいわばかかる悲劇は（封建的な家族制度）にしばられる無自覚によるのだと云った批判に直す必要がある（社会）

これらの個所を直す丈けで　全体の反近代的な印象が十分に消滅するとは云えないが　せめてここら当りを先ず訂正して貰うことが望ましいと思う

尚　製作者側でもその自主的な都合もあって改訂版が作られつゝある旨であるので　更に改めて改訂版で検討をしたいと思う

縮図

近代映画協会

製作　吉村公三郎
協同製作　絲屋寿雄
　山田典吾
　能登節雄
原作　徳田秋声
脚本
監督　新藤兼人

宿命のまにまに歓楽の巷を流転する女の半生を描く

念の為に
銀子が狐拳に敗けて衣裳を脱ぎ　酔い潰される過程（風俗）
銀子が磯貝に乱暴され　裸でふとん巻にされる件（風俗）
等の如きは演出注意を希望

加賀騒動	東映

企画　柳川武夫
〃　栄田清一郎
原作　村上元三
脚本　橋本忍
監督　佐伯清

封建政治の殻の中で自己の才幹と夢を生かそうとした大槻伝蔵の人間的悲劇を描く

シーン42　寝所準備のシーン演出注意を希望した　（性）

a—26

審査集計

規程條項	関係脚本題名及希望個所数		集計
1 国家及社会	「底抜け青春音頭」	1	15
	「千姫」	1	
	「人肌剣法」	1	
	「ひばり姫初夢道中」	1	
	「やつさもつさ」	2	
	「村八分」	2	
	「喧嘩笠」	1	
	「八百八丁罷り通る」	1	
	「あゝ我が母に罪ありや」	5	
	「4姫」	1	

番号	分野	作品	数	計
2	法律	「次郎長初旅」	1	13
		「人肌剣法」	1	
		「あゝ青春に涙あり」	2	
		「陽のあたる家」	1	
		「村八分」	1	
		「八百八丁罷り通る」	3	
		「あゝ我が田に罪ありや」	3	
3	宗教	「次郎長初旅」	1	1
4	教育	「次郎長初旅」	2	2
		「次郎長初旅」	1	
		「春ひらく」	3	

6—2

5	風俗	「やつさもつさ」	1	8
		「村八分」	1	
		「縮図」	2	
6	性	「次郎長初旅」	1	10
		「春ひらく」	4	
		「やつさもつさ」	1	
		「村八分」	1	
		「あゝ我が母に罪ありや」	2	
		「加賀騒動」	1	
7	残酷醜汚	「やつさもつさ」	1	2
		「八百八丁罷り通る」	1	

4—3

審査映画一覧

○劇映画

審査番号	題名	会社名	巻数	呎数	製作	企画	原作	脚本	監督	主演
八二六	カルメン純情す	松竹	十一	九二〇五	小倉武志			木下恵介	木下恵介	高峰秀子 若原雅夫
八四一	明日は月給日	〃	十	八〇五八	小倉武志		宮崎博史 北島一郎	柳沢類寿	川島雄三	高橋貞二 幾野道子
八四七	春の鼓笛	〃	十	八七二三	山口松三郎		富田常雄	沢村勉	中村登	高峰三枝子 佐田啓二
七七四	「女将」より 娘の晴着	〃	五	三九六八	大町龍夫		北條秀司	沢村勉	荻原遼三	永谷八重子 小園容子
八五五	唄祭り清水港	〃	八	七一五六	小倉浩一郎			柳川真一 沢村勉	渡辺邦男	北上弥太郎 宮城千賀子
八二九	丘は花ざかり	東宝	十三	一〇七四四	藤本真澄		石坂洋次郎	井手俊郎 水木洋子	千葉泰樹	上原謙 木暮実千代

6—4

八三六	港へ来た男	東宝	九	七八九八	田中友幸		梶野悳三	成沢昌茂	本多猪四郎	三船敏郎 久慈あさみ
八一八	大佛開眼	大映	十三	一一八八九	永田雅一	松山英夫 辻久一	長田秀雄	八木隆一郎	衣笠貞之助	長谷川一夫 京マチ子
八四六	秘密	〃	十	八五九五		三浦信夫	中村八朗	井手俊郎	久松静児	田中絹代 宮城野由美子
八三四	千羽鶴	〃	十一	一〇一九〇			川端康成	新藤兼人	吉村公三郎	森雅之 木暮実千代
八四五	社長秘書	〃	十	七八九五		辻久一		八尋不二	加戸敏	根上淳 木村三津子
八五三	街の小天狗	〃	十	七三六四		根岸省三		菊島隆三	吉村廉	菅原謙二 若尾文子
八四八	アチャコ青春手帖 大阪篇	新東宝	八	七二九七	児井英生		長沖一	山崎謙太	野村浩将	アチャコ 左幸子
八五一	夕焼け富士	新東宝 綜芸プロ	九	八〇三五	竹中美弘		大佛次郎	八尋不二	中川信夫	嵐寛寿郎 花井蘭子
八六一	サラリーマン 喧嘩三代記	新東宝	八	七八六五	坂上静翁		佐々木邦	井上梅次 井手雅人	井上梅次	片山明彦 左幸子

6—5

八一六	人生劇場 第一部	東映	九	七八一七	大川博 マキノ光雄	星野和平 岩井金男	尾崎士郎	八木保太郎 棚田吾郎	佐分利信	片岡千恵蔵 高峰三枝子
八一三	ギラム	〃	十一	九三五〇	マキノ光雄	松崎啓次 浅田健三	唐木隆司	高岩肇	小石栄一	伊豆肇 藤田泰子
八五七	飛びっちょ判官	〃	十	八一三〇		坪井与	子母沢寛		渡辺邦男	片岡千恵蔵 花柳小菊
八三八	流賊黒馬隊 第二部 月下の対決	〃	十	八、〇六九		大森康正 佐藤守之助		比佐芳武	松田定次	市川右太衛門 長谷川裕見子
八六二	紺屋高尾	〃	九	七七七六		柳川武夫		吉村公三郎	佐々木康	アチャコ 花柳小菊
八一二	花火の舞	第一テレヴィ映画	八	五九七五	望月利雄 小笠原久夫	花房次郎	川内康範	川内康範 須崎勝弥	小田基義	岡晴夫 花柳小菊
八三一	りんご園の少女	新芸術プロ	十一	八五七九	福島通人 杉原貞雄	嵯一矢	阿木翁助 小沢不二夫	長谷川公之 小沢不二夫	島耕二	美空ひばり 山村聰
八四二	天狗の源内	宝塚映画	八	六、七四一				中西隆三	倉谷勇	森山花究 故里あけみ

6—6

○予告篇

八二六—T	松竹製作ニュース 第九九号	松竹		カルメン純情す
八三一—T	〃 第一〇〇号	〃		りんご園の少女（新芸術プロ製作）
八二九—T—二	丘は花ざかり	東宝		第二報
八三六—T	港へ来た男	〃		
八五六—T	風雲千両船	〃		
八三九—T	次郎長売出す 次郎長三国志第一部	〃		
八一八—T	大映ニュース 第二二四号	大映		大佛開眼
八四六—T	〃 第二二五号	〃		秘密
八四五—T	〃 第二二六号	〃		社長秘書
S—一三—T	〃 第二二七号	〃		東海二十八人衆
八五三—T	〃 第二二八号	〃		街の小天狗
八三四—T	〃 第二三四号	〃		千羽鶴

6—7

八三六－T	ハワイの夜	新東宝 新生プロ			特報
八三六－T－二	ハワイの夜	〃			特報
八五一－T	夕焼け富士	新東宝 綜芸プロ			
八六一－T	サラリーマン 喧嘩三代記	新東宝			
八一三－T	ギラム	東映			
八五七－T	飛びっちょ判官	〃			
八三八－T	流賊黒馬隊 第二部 月下の対決	〃			
八六二－T	紺屋高尾	〃			
八三三－T	真空地帯	新星映画			

〇併映短篇

E－五四〇	バラ色の旅路	松竹	二	一八七四	財団法人厚生団 企画
E－五四六	原爆の長崎	日映新社	二	一七五〇	

E－五三九	労働ニュース 一九四五年－一九四七年まで	労映新社	二	一、八〇二	労働省労働教育課 企画
E－五〇八	テレビジョン	日映科学映画製作所	二	一、七三六	日本放送協会 企画
E－五四一	ソープレス・ソープ（石鹸でない石鹸）	〃	二	一、七八〇	
E－四八二	日本の夢	日映学芸映画製作所	三	二四二三	
E－五三四	上椎葉水力発電所建設記録 準備篇	新理研	三	二五〇〇	九州電力株式会社 企画
E－五四四	空の門・海の門	〃	二	一、八〇〇	大蔵省税関部 企画
E－五二九	現代に生きる日蓮	乳井義種	五	四、二〇〇	
E－五三三	節のない華	ムービー・センター	一	九〇〇	人形劇映画
E－五三八	浪曲大全	南旺映画	三	二、一六九	
E－五五二	くじら	大瀬スタジオ	一	八二〇	影絵映画
E－五三五	腕白大将	日東映画	一	二〇〇	
E－五五二	音楽一家	英映画	三	二四〇〇	日本損害保険協会 企画

3—9

○スポーツニュース

P-二三三	ムービー・タイムズ第二三三号	プレミア		
P-二三四	〃 第二三四号	〃		
P-二三五	〃 第二三五号	〃		
P-二三六	〃 第二三六号	〃		

○新版

S-一三一	日本剣豪傳 新月宝蔵院流	東宝	六		脚本 三村伸太郎 監督 滝沢英輔 昭和十三年三月製作
S-一三二	續姿三四郎	〃	八	七四四〇	脚本 黒沢明 監督 黒沢明 昭和二十年三月製作

8—10

映画審査概要

○日本剣豪傳　　　　　　　　　　東宝

新月宝蔵院流

仇討に関するシーン及びセリフ削除希望し実行された.

○続姿三四郎　　　　　　　　　　東宝

第一巻目　アメリカの水兵が　車夫と言葉の疎通を欠き　誤解して争いになり　なぐりあいの件あり　その中の車夫を足蹴にする部分を削除希望し実行された.（三呎）　尚　二巻目後半の台詞の中の「毛唐」と云う言葉を取り除いて貰った.

更に　製作者側の自主的な考慮によって　日米拳斗シーンの米兵の声援の声「キル・ジヤツプ」とあるのを騒音をあらたに交えて弱めるようにされたのは幸であった.

6—11

宣伝広告審査概要

○該当事項なし

各社封切一覧

封切月日	審査番号	題名	製作会社	備考
○松竹				
十一月六日	八二八	うず潮	松竹	
十一月十三日	八二六	カルメン純情す	〃	

十一月二十日	八三一	リンゴ園の少女	新芸術プロ	
十一月二十七日	八四一	明日は月給日	松竹	
	七七四	「女将」より 娘の晴着	〃	
○東宝				
十一月六日	七九六	足にさわった女	東宝	
十一月十三日	S—一三二	続・姿三四郎	〃	（新版）
十一月十八日	八二九	丘は花ざかり	〃	
十一月二十七日	八三六	港へ来た男	〃	
○大映				
十一月六日	八二四	明日は日曜日	大映	
十一月十三日	八一八	大仏開眼	〃	
十一月二十日	S—一二二	東海二十八人衆 東海水滸伝遊侠篇	〃	（新版）
十一月二十七日	八四六	秘密	〃	

6—13

○新東宝				
十一月六日	八四八	アチャコ青春手帖 大阪篇	新東宝	
十一月十三日	S－一〇一	風雲将棋谷	日活	（新版）
十一月十九日	八五一	夕焼け富士	新東宝 綜芸プロ	
十一月二十七日	八一二	花火の舞	第一テレヴィ映画プロ	
	八四三	シミキンの拾つた人生	新理研	
○東映				
十一月六日	八一六	人生劇場 第一部	東映	
十一月十三日	八一三	ギラム	〃	
十一月二十日	八三八	流賊黒馬隊 第二部 月下の対決	〃	
十一月二十七日	八五七	飛びつちよ判官	〃	
○				
十一月四日	六九六	母のない子と子のない母と	新教映民芸	

6－1A

映画倫理規程審査記録第四十一号

昭和二十七年十二月五日 発行

発行責任者 池田義信

東京都中央区築地三ノ六

日本映画連合会

映画倫理規程管理部

電話 (55) 二八〇二
〇六九六番

映画倫理規程審査記録

第42号

映画倫理規程

審査記録

日本映画連合会

映画倫理規程管理委員会

「目次」

管理部記事

前号でお知らせ致しました通り、最近都内一部劇場で上映された映倫マークのない所謂性映画が、警視庁保安課の手で処置された事件、及びその後の情勢に鑑み　管理委員会は左の如き書簡を以て日本興行組合連合会の協力を求めました。

昭和二十七年十一月二十四日

映画倫理規程管理委員会

委員長　渡邊鉄藏

日本興行組合連合会

会長　富塚孝吉殿

拝呈　時下益々御清栄の段大慶に存じ上げます

既に新聞紙上などで御承知のことゝは存じますが　去る十一月十三日　警視庁防犯部保安課の手により　都内　新宿セントラル劇場に於て上映中の映画「愛の道標」　同じく浅草

ロック座の「若人へのはなむけ」　浅草ロマンス座の「限りある子宝」という三本の十六ミリプリントが　猥褻物陳列の容疑を以て押収を受けた事件が起りました．実は右「愛の道標」と同題名で同じ製作者による映画が　昭和二十五年二月二十七日　映画倫理規程に基く審査を終了している事実がありますので　管理部に於て直ちに事情を調査致しました所　押收を受けたプリントには映画審査のマークが焼込まれて居らず　内容も審査当時のものとは異って居り　恐らく審査終了の作品に改訂を加えて煽情的な場面を挿入したものと思われるのであります．他の二篇は映倫の手を経て居りませんから勿論マークはないわけであります．

これらの特殊映画については　映画倫理規程管理委員会は　御承知の通り昨年末　一般興行場に於て公開するに不適当なものとして審査の取扱いをせず　正しい性知識の啓発を目的とするものならば教育的効果を期待出来る特別の催しの機会に　限られた観衆に対して利用されるように示唆して来て居りますが　映倫の審査を経ないこれらのプリントが　近来ストリップ劇場等に於て屡々上映される傾向については管理委員会としてもその社会的影響に関して重大な関心を持たざるを得ず　又　映倫マークなきプリントを上映しないという従来の興行界の絶大なる御協力方針にもとることであり　殊に今回の如き不祥事は日本映画界の地位を傷け　民衆の信頼を裏切る結果ともなりますので　右の事情を充分御賢察の上　今後一層の御協力を賜わりますよう　傘下興行関係へも趣旨御徹底の程願わし

a—2

く
この段書面を以て御通報申上げる次第でございます

審査脚本一覧

会社名	題名	受付日	審査終了日	備考
東映	人生劇場 第二部 自主改訂版	一一・二七	一二・一	改訂第二稿
松竹	学生社長	一二・三	一二・四	
松竹	わが母に罪ありや 自主改訂版	一二・四	一二・五	「あゝ我が母に罪ありや」の改題 改訂第二稿
東宝	三等重役兄弟篇 一等社員	一二・六	一二・八	
新東宝	金語楼の親馬鹿花合戦	一二・六	一二・九	
新東宝	珍説忠臣蔵	一一・二九		
〃	改訂版	一二・六	一二・九	改訂第二稿
東映	魚河岸の石松	一二・八	一二・一〇	
東京映画	親分の青春	一二・八	一二・一〇	

敬具

a—3

大映	妖精は花の匂いがする	一二、九	一二、一一	
宝塚映画	(仮題) 東海美女秘録	一二、一一	一二、一三	
大映	腰抜け太閤記	一二、一一	一二、一三	
新東宝	板割の浅太郎 名月赤城山	一二、一一	一二、一五	
新東宝 スタジオ8プロ	煙突の見える場所	一二、一三	一二、一五	
松竹	江戸いろは祭	一二、一〇	一二、一六	
松竹	好きなアンタハン	一二、一一	一二、一六	
松竹	東京ヤンチャ娘	一二、一一	一二、一六	
松竹	(仮題) あゝ初恋	一二、一一	一二、一七	
太千興業プロ	繪本猿飛佐助	一二、一五	一二、一七	
大映	浅間の鴉	一二、一六	一二、一九	
東映	朝焼け富士 (前篇)	一二、一七	一二、一九	
東宝	江戸ッ子判官	一二、一九	一二、二二	

a—4

大映	十代の性典	一二・二二	一二・二四
松竹	夢見る人々	一二・一八	一二・二五
東宝	午前零時	一二・二五	一二・二七

◎新作品……………………二二

シナリオ数……………………二五（内改訂版三）

内訳＝松竹 七（内改訂版一） 東宝 三、大映 四、新東宝 五（内改訂版一）

東映 三（内改訂版一） 東京映画 一、宝塚映画 一、太千興業プロ 一、

脚本審査概要

人生劇場 第二部自主改訂版	東映

シーン9．及び11．の浴室で照代・お袖の風呂の出入りがあるが、裸体描写についての演出は十分注意して欲しい（風俗）（二ケ所） シーン17のおとよと宮川のシーン 蒲団がひかれていての描写故、枕など性的行為を聯想さすものをなるべく見せないようにしてやって欲しい（性） 以上を希望した。

学生社長	松竹

製作　田岡敬一
原作　中野実
脚本　柳沢類寿
監督　川島雄三

アルバイト学生三人組が綴る笑の恋と人情の物語

スリの用う隠語は成可く慎重に考慮されたい（教育）

わが母に罪ありや 自主改訂版	松竹

第一稿に対する当方の慎重なる希望については、製作者側に於いてその旨を十分に諒とせられ、かつ自主的な改訂も加えてここに第二稿が提出されたが、全体的にみて此の程度ならば所謂母物映画として在来のものとくらべ特に反近代的な道徳美化の傾向は先づ少いと云えるであろう。尚里枝の家出の件は余りに現代として無自覚であるので、その批判を更に加筆して貰うこと（社会）（二ヶ所）（シーン95、末尾とシーン105後半ともに登世の台詞などで）及びシーン106の登世の過失殺害は、例えそれが谷村の死となるにしてもこのシーンではまだ確かめられていないのであるから、登世の「この罪を背負うことで」と里枝にすでに早くも云うのはおかしいが、かく云うことによって母の盲目的な自己犠牲をさらに美化しようとするのは（前回同様）依然として困るので、この所は批判的にして貰うこと（社会）などを希望した。

a—6

一等社員　東宝

製作　藤本眞澄
原作　源氏鶏太
脚本　松浦健郎
監督　~~佐伯幸三~~ 小石栄一

上京した社長令嬢の接待に奔走する支店長以下のサラリーマン気質を描く

(1) シーン13　天栗の台詞の中「きわどい所だな」をとる　腹痛の女の下腹部をおさえて（ ）るところ故　誤解を恐れる（風俗）

(2) シーン118　お春（女中）が失心の天栗の上に馬乗りになって人工呼吸をすると云う描写
馬乗りは例え喜劇的であっても　ここでは止めて貰うこと（性）

以上二ケ所訂正希望した

金語楼の親馬鹿花合戦　新東宝

製作　安達英三郎
製作協力　岡本良平
構成　松浦健郎
脚本　井手雅人
監督　渡辺邦男

e－1

社長とその幼な友達の運転手の意地ッ張り合戦を描く喜劇

希望事項なし

珍説忠臣蔵
新東宝

製作　杉原貞雄
脚本　八住利雄
監督　斉藤寅次郎

「忠臣蔵」物語を喜劇化したもの

第一稿が出てディスカスションの末訂正され第二稿（決定稿）が提出された　これに依れば個々の台詞その他では注意するところはないが

1. 間十次郎と妻子とのやりとり
2 遥泉院と大石のやりとり
3 討入の場面

以上三ヶ所の表現で所謂忠臣蔵の封建性讃美の思想が残っているように思われる（社会）
この点を演出方法に依って払拭するか裏返しして貫いたいと考え　杉原貞雄氏（製作者）と

会見して当方の意志を伝え諒承を得た　即ち〃珍説〃の文字の意味するように表現されるよう希望した

魚河《か》岸《し》の石松	東映

企画　三上訓利
〃　近藤経一
原作　宮本幹也
脚本　館岡謙之助
監督　佐伯幸三

築地市場を背景に石松とあだ名される軽子の行動を描く物語

原作の新聞連載小説は　かなり煽情的な描写を多く持ったものであり　またそれが一般の注目をひいたらしいが　この映画化はその点は心配はないと思われる
無鉄砲ものの石松を主人物にするだけに　各所に亘って喧嘩場がかなり出るが　その乱暴無鉄砲さを英雄化　讃美化にならぬよう心して描いて欲しい（社会）　この石松の無鉄砲さはそのキャラクターだから適当にやって貰うとしても　その批判者なり　批判の言葉や行動が用意されることがここでは望ましい　シーン10岸壁での淀ケ峯の行動　シーン25防波堤での石松の乱斗のあとの淀ケ峯とキノキンー　ここは一応とめに出てきた形で　等々一

途に石松の乱暴を放置したかたちにならぬようやって欲しい　シーン17の岩風呂の女の裸体　シーン44　46　47のストリップの裸体　シーン86キャバレーのフロアショウの裸体等注意のこと（風俗）（五ケ所）　シーン24　マミの台詞の中の「あんな楽な商賣な人てないわよ」と賣春肯定は困る（性）　シーン39のマミと辰の隣室描写　声は注意　煽情的な描写やそれを思はす声は困る（性）　シーン55　瀬川の台詞の中の「別に共産黨じやねえんだがし」とあるのは　特定政黨を誹謗する印象あり　たとえば左翼と代えられたい（社会）

尚　かかる魚河《か》岸《し》の輕子を中心とする故に　主要人物などに刺青の心配あり　（これはとりやめて欲しい旨あらかじめ伝えた（社会）　ただ背景の群衆的人物の中には目立たない程度ならあってもよいかも知れない

親分の青春

東京映画

製作　加藤譲
原作　林房雄（「還暦結婚事件」より）
脚本　松浦健郎
監督　村田武雄

深く恋を譲ろうとした親分に思わぬ結婚の喜びが訪れる明朗物語

(1) 足を洗った親分が　やくざを使って軽薄な人物を擬詰にするところは　やくざ肯定の感なきを得ないので演出上注意されたい　（社会）

(2) 花賣娘（法律）や入浴場面（風俗）については申し合せの線でやって戴きたい

妖精は花の匂いがする	大映

企画　浅井昭三郎
原作　藤沢桓夫
脚本　田中澄江
〃　若尾徳平
監督　久松静児

女子大学の教師と若い男女学生をめぐる恋愛と友情のロマンス

希望事項なし

東海美女秘録	宝塚映画

脚本　中川博之
〃　入末一二
監督　野渕昶

6―5

伊勢山田の女人達が結束して奉行の暴虐に抵抗する物語

(1) 藤懸半九郎が荻江たちに討たれるのは仇討でないような感じに改訂して戴きたい（社会）

(2) 荻江たちが藤懸半九郎を殺害したことは理由はあるにしても老中の使者が半九郎の死を病死とゴマ化すのは困ると思う　これも改訂して貰いたい（法律）

(3) 女性が斬り殺される処（残酷）女性の肉体露出の限度（風俗）或いは拷問（残酷）のシーンなど演出上それぞれ然るべく注意して欲しい

凸凹太閤記 間抜け太閤記の改題	大映

企画　辻　久一
脚本　民門敏雄
監督　加戸　敏

奇略縦横の木下藤吉郎が出世物語の喜劇化

希望事項なし

8－6

製作	高木次郎
脚本	三村伸太郎
監督	冬島泰三

板割の浅太郎
名月赤城山
新東宝

赤城山に立こもる国定忠治と板割浅太郎の物語

それ程強烈とは云えないけれども　ややもすればやくざ者の英雄化　美化の印象が全体から感じられる　その点　浅太郎の行動　或いは　その娘をして批判と否定とがあって欲しい（社会）（製作者側では　すでに事前にこの事に気付かれ批判的に訂正される旨ではあるが）

篇中主題歌二篇出てくるが　歌詞は前もって出して貰いたく　歌詞によっては如何なることになるやも知れないから注意して欲しい

シーン6の農夫の台詞（忠治讃美）（社会）　その次に出る留吉の両腕の刺青は止めて貰うこと（社会）

その次の台詞も以上同様やめるか　訂正して欲しい（社会）

シーン14　浅太郎のお京への台詞の中の「この道のよさ」は止めて欲しいこと（社会）

シーン75　円蔵の台詞のうち「代官所の討手を迎えて忠治一家の最后を飾るつもりなんだ」

8−7

は訂正して欲しい（社会）
シーン87の円蔵のやはり「国定忠治は関東一の大親分だ」も同様訂正か除いて貰うこと
（社会）
シーン89　浅太郎の清次郎を「抜打ちに美事に斬りつける」は「美事に」は困る　演出上注意を希望（社会）
更に続いて百姓たちの忠治讃美の台詞訂正のこと（社会）
尚しかもこれだけの注意台詞箇所だけの問題でなく　根本的には全体の演出がやくざ讃美の立場に立つ限り　当方は重大なる関心を持つものであり　完成映画に於いてなお検討の余地を残したい旨伝えた
（なおこれは改訂版が提出の予定である）

煙突の見える場所	新東宝 スタジオ8プロ

企画　内山義重
原作　椎名麟三
脚本　小国英雄
監督　五所平之助

東京千住の一角──そこに住む善良な小市民たちの生活を描く

毒薬らしき小瓶を手にとってみるとあるが　その薬名を明示しないよう演出上注意して欲しい（法律）

尚「子供をおろす」と云う台詞あれどこれはせっぱつまった経済上の状況での話であり別に違法的には印象づけられないのでこれはこのままとする

江戸いろは祭	松竹

製作　高木貢一
原作　村上元三
脚本　鈴木兵吾
監督　内出好吉

所謂「め組の喧嘩」に絡む恋と人情の物語

希望事項なし

好きなアンタハン	松竹

製作　久保光三
脚本　柳沢類寿
監督　穂積利昌

8—9

神楽坂はん子の唄を主題とする喜劇

希望事項なし

東京ヤンチャ娘

松竹

製作　桑田良太郎
原作　金親堅太郎
脚本　中村定郎
監督　堀内真直

失業青年と下宿の娘をめぐる軽喜劇

希望事項なし

あゝ初恋（仮題）

松竹

製作　久保光三
脚本　木下恵介
監督　小林正樹

少年の日の清く悲しい初恋のこころを描く

希望事項なし

絵本猿飛佐助	六十映業プロダクション

製作　高田四一
原作　林芙美子
脚本　井手雅人
監督　森一生

武士に憧れて忍術を習いその忍術が権謀の具となる悩みに惑う猿飛佐助の物語

希望事項なし

沓間の鴉	大映

原作　長谷川伸（「沓掛時次郎」より）
脚本　衣笠貞之助
監督　田坂勝彦

やくざの喧嘩に夫を失った母子を救う沓掛時次郎の人情物語

8—11

この内容であればやくざ否定の線をはずさずに演出して貰けば好いと思う

朝焼け富士 前篇	東映

企画　坪井与
製作　山手樹一郎
脚本　八住利雄
監督　松田定次

天保飢饉の際の買上米不正事件に絡まる正邪の葛藤を描く時代活劇

希望事項なし

江戸ッ子判官	東宝

製作　清川峰輔
脚本　三村伸太郎
〃　高木恒穂
監督　中川信夫

悪旗本の非行を暴く遠山金四郎の活躍物語

1. シーン19 政兵エの声に対する〈女の声〉のうち 復讐を強調する台詞をよわめてもらうこと（法律）

2. シーン48 虎八の講釈は その文句を提出されたいこと

3 シーン105 そのうちのナラタージユのうち 政兵エが覚書を認めている場面にかゝる台詞のうち やはり阿波守の娘が成長して仇をうつ日を待ちといった台詞を訂正してもらうこと（法律）

以上の点は この映画が仇討を主題としたものでなく 娯楽を目的としたストオリイの映画であるので それほど心配はないが ともかく復讐を美化した傾向を強調されてはこまるので一応この点に配慮してもらうようたのんだ

6—13

十代の性典　大映

企画　土井逸雄
脚本　須崎勝弥
〃　赤坂長義
監督　島耕二

性に目覚める頃の少年少女の精神的 肉体的な煩悶をめぐる多くの問題を描く

(1) 性に関しての取扱いは出来るだけ真面目な態度であって欲しい その意味から（S5）で男生徒が「オンス？」「男の生理日だよ ハッハ」などと語り合うのは不可であると思うので改訂を希望した（性）

又（S11）における荒川先生の態度（女の生理日に関する話を聞くのを避けてバツが悪そうに教員室を出て行く）も前述の意味で演出上十分に注意していただきたいと希望した

（性・教育）

(2)（S.17）かおると英子は同性愛的友情関係であるが 英子が掌に接吻するシーンなどは余り変態的な刺戟を与えないよう演出上の注意を希望した（性）

(3)（S.112）新田がかおるの肉体に挑むシーン及び麻子が新田の肉体に挑むシーンは出来る限り刺戟的な演出を避けていただきたいと希望した（性）（二ヶ所）

夢見る人々

松竹

製作　山口松三郎
原作　吉屋信子
脚本　野田高梧
監督　中村登

一人の男性をめぐる三人の女性の恋愛行路を描く

「毛唐」という言葉は使用をやめられたい（国家）

午前零時

東宝

製作　本木荘二郎
原作　井上友一郎
脚本　菊島隆三
監督　渡辺邦男

新劇の新進女優をめぐる恋愛メロドラマ

& − 15

この脚本の面に関する限りでは　まず問題はないと云うべきだが　二三懸念される台詞や描写も　要は演出のいかんによって左右されるものであると考えられるので　何ら希望事項としてはここにあげない　なお　この脚本は　新に人物を加えて改訂される由である（懸念される点については　その旨製作者側においても考慮される由であった）

a―16

審査集計

規程條項	関係脚本題名及希望個所数		集計
1 国家及社会	「わが田に罪ありや」(自主改訂版)	3	21
	「珍説忠臣蔵」	3	
	「奥河岸の石松」	3	
	「親分の青春」	1	
	「東海美女秘録」	1	
	「名月赤城山」	9	
	「夢見る人々」	1	
2 法律	「親分の青春」	1	
	「東海美女秘録」	1	

c—1

2	法律	「煙突の見える場所」	1	5
		「江戸ッ子判官」	2	
3	宗教	希望事項なし		0
4	教育	「学生社長」	1	2
		「十代の性典」	1	
5	風俗	「人生劇場」（第二部）（自主改訂版）	2	10
		「一等社員」	1	
		「奥河岸の石松」	5	
		「親分の青春」	1	
		「東海美女秘録」	1	
6	性	「人生劇場」（第二部）（自主改訂版）	1	
		「一等社員」	1	

c—2

6	性	「魚河岸の石松」	2	9
		「十代の性典」	5	
7	残酷醜汚	「東海美女秘録」	2	2

〇希望事項総数……四九

c—3

審査映画一覧

○劇映画

審査番号	題名	会社名	巻数	呎数	製作	企画	原作	脚本	監督	主演
八七一	流れの旅路	松竹	五	三、九七八	久保光三			津路嘉郎	小林桂三郎	市川春代 徳大寺伸
八五九	情火	〃	十一	九八五三	高木貢一		相良準	柳井隆雄 鈴木兵吾	大庭秀雄	若原雅夫 木暮実千代
八七三	若奥様一番勝負	〃	十	八、二八〇	大町竜夫		中野実	中山隆三	瑞穂春海	佐野周二 月丘夢路
八八九	妻の青春	〃	五	三、八六二	山本武		林房雄	光畑碩郎	山本浩三	北竜二 三宅邦子
八九三	わが母に罪ありや	〃	九	七七三一	山口松三郎			橋田寿賀子	佐々木啓祐	佐田啓二 紙京子
八七八	ひばり姫初夢道中	〃	九	八、二四四	杉山茂樹	福島通人		八住利雄	大曾根辰夫	美空ひばり 高田浩吉

九一〇	東京ヤンチャ娘	〃	三	二、一九七	桑田良太郎		金親堅太郎	中村定郎	堀内真直	諸角啓二郎 小園蓉子
八九八	学生社長	〃	九	八、三二三	田中敏一		中野実	柳沢類寿	川島雄三	鶴田浩二 角梨枝子
九〇八	好きなアンタハン	〃	三	二、〇八〇	久保光三			柳沢類寿	穂積利昌	森川信一 神楽坂はん子
八三九	次郎長三国志 次郎長売出す	東宝	九	七、三八三	本木荘二郎		村上元三	松浦健郎 村上元三	マキノ雅弘	小堀明男 若山セツ子
八五四	次郎長三国志 次郎長初旅	〃	九	七、四七二	〃		〃	〃 〃	〃	〃 〃
八五六	風雲千両船	〃	十	八、三五九	清川峰輔		村上元三	三村伸太郎	稲垣浩	長谷川一夫 山口淑子
八三七	「銀座八丁」より 七色の街	〃	九	六、九三六	本木荘二郎		武田麟太郎	山本嘉次郎	山本嘉次郎	池部良 広瀬嘉子
八八一	あゝ青春に涙あり	〃	九	七、七二八	佐藤一郎			八田尚之	杉江敏男	池部良 久慈あさみ
九〇〇	三等重役兄弟篇 一等社員	〃	九	七、五一八	藤本真澄		源氏鶏太	松浦健郎	佐伯幸三	森繁久彌 八千草薫

八六四	新州天馬侠	大映	十	七七九〇		高桑義生	吉川英治	民門敏雄	田坂勝彦	長谷部健 沢村昌子
八七六	乾杯！東京娘	〃	八	六五三五		米田治	中野実	木村恵吾	木村恵吾	三田隆 宮城野由美子
八八〇	あの手この手	〃	十	八四八九		辻久一	京都伸夫	和田夏十 市川崑	市川崑	森雅之 久我美子
八七五	彼女の特ダネ	〃	十	七八九〇		米田治	今日出海	舟橋和郎 棚田吾郎	仲木繁夫	京マチ子 菅原謙二
八六七	母の瞳	〃	十	八一〇〇				八住利雄	安田公義	三益愛子 松島トモ子
八八二	銭形平次捕物控 からくり屋敷	〃	十	七九九〇		高桑義生	野村胡堂	八尋不二	森一生	長谷川一夫 三浦光子
八六六	底抜け青春音頭	新東宝 新芸プロ	九	七五八三	杉原貞雄 福島通人			八住利雄	斉藤寅次郎	田端義夫 藤田泰子
八八三	鞍馬天狗「青銅鬼」	新東宝 綜芸プロ	七	六三二六	竹中美弘		大佛次郎	高橋博	並木鏡太郎	嵐寛寿郎 大河内伝次郎
八九七	珍説忠臣蔵	新東宝	十	七六〇八	杉原貞雄			八住利雄	斉藤寅次郎	アチャコ エンタツ

c—6

八六〇	女といふ城 マリの巻	〃	十	八、〇一八	萩勝三		小島政二郎	館岡謙之助	阿部豊	上原謙 高峰秀子
八九七	花吹雪男祭り	東映	九	七、九四六		大森康正		八尋不二 若尾徳平	渡辺邦男	市川右太衛門 花柳小菊
八六五	二人の母	〃	十一	八、七九四		公平重訪		館岡謙之助 山崎謙太	伊賀山正徳	徳大寺伸 折原啓子
八八七	エンタツ ちよび髭漫遊記	〃	八	六、八八八	高村將嗣	衛藤一	香住春吾	丸根賛太郎	丸根賛太郎	エンタツ 丹下キヨ子
八九一	喧嘩笠	〃	八	七、二〇〇		玉木潤一郎	村上元三	高岩肇	萩原遼	片岡千恵蔵 轟夕起子
八九五	旗本退屈男 八百八丁罷り通る	〃	九	七、七九〇		西原孝 佐藤中之助	佐々木味津三	鈴木兵吾	佐々木康	市川右太衛門 乙羽信子
八五八	春の囁き	東京映画	十	八、三二六	加藤譲			植草圭之助 古川良範	豊田四郎	鈴木孝次 遠山幸子
八八六	初笑いてんやわんや物語・びつくり六兵衛	〃	四	三、四九四	加藤譲		目黒専吉	久保田番二	組田彰造	伴淳三郎 旭輝子
九〇三	親分の青春	〃	四	三、二一三	加藤譲		林房雄	松浦健郎	村田武雄	二本柳寛 木匠まゆり

八二三	真空地帯	新星映画社	十二		岩崎昶 嵯峨善兵		野間宏	山形雄策	山本薩夫	木村功 利根はる恵
八六八	千姫	宝塚映画	九	八二三八				寿々木多呉平	野淵昶	浅茅しのぶ

○予告篇

八五九－T	松竹製作ニュース第一〇一号	松竹		情火
八四七－T	〃 第一〇三号	〃		春の鼓笛
八七八－T	〃 第一〇二号	〃		ひばり姫初夢道中
八九八－T	〃 第一〇六号	〃		学生社長
八五六－T－二	風雲千両船	東宝		第二報
八三七－T	七色の街	〃		
八八一－T	東宝スクリーンニュース 春の特集	〃		あゝ青春に涙あり 一等社員 吹けよ春風 夫婦 次郎長初旅
八八一－T－二	あゝ青春に涙あり	〃		第二報

八五四－T	次郎長三国志 第二部 次郎長初旅	〃			
九〇〇－T	一等社員	〃			
八七四－T	吹けよ春風	〃			
八六四－T	大映ニュース 第二二九号	大映			布州天馬
八七六－T	〃 第二三〇号	〃			乾杯！東京娘
八八〇－T	〃 第二三一号	〃			あの手この手
八七五－T－二	春は大映から	〃			彼女の特ダネ からくり屋敷 千羽鶴 母の瞳
八八二－T	大映ニュース 第二三二号	〃			からくり屋敷
八七五－T	〃 第二三三号	〃			彼女の特ダネ
八六七－T	〃 第二三五号	〃			母の瞳
S－一三四－T	〃 第二三八号	〃			初祝二刀流
八六三－T－三	ハワイの夜	新東宝 新生プロ			第三報
八六三－T－四	〃	〃			第四報

C－9

八六六－T	底抜け青春音頭	新東宝 新芸プロ		
八九七－T	珍説忠臣蔵	新東宝		
八九七－T－二	〃	〃		第二報
八九七－T－三	〃	〃		第三報
八九七－T－四	〃	〃		第四報
八八三－T	鞍馬天馬「青銅鬼」	新東宝 新芸プロ		
八六〇－T	女といふ城 マリの巻	新東宝		
八六五－T	二人の田	東映		
八八七－T	エンタツ ちよび髭漫遊記	〃		
八七九－T	花吹雪男祭り	〃		
八九一－T	喧嘩笠	〃		
八九五－T	八百八丁罷り通る	〃		
八一〇－T	ひめゆりの塔	〃		

c—10

八五八－T	春の囁き	東京映画			

○併映短篇

E－五六六	春はキヤメラに乗って	松竹	一	九八二	新春御挨拶映画
E－五六七	やあ今日は	東映	二	一七五〇	〃
E－五五四	鉄道八十年記念	新理研	二	一三〇〇	
E－五六二	デパート太洋開店	〃	一	七二〇	
E－五五〇	メロデーのある工場	電通	二	一三〇〇	労働省労政局労働教育課企画
E－五七六	ムービー・アド 日興證券	〃	一	三〇〇	
E－五六一	火と炎	日映科学映画製作所	二	一八〇〇	
E－五五九	静岡県政ニュース No.7	英映画	一	六五〇	
E－五七四	〃 No.8		一	九八〇	
E－五五八	今日からでも	茨城県弘報課	二	一四五〇	茨城県企画

E－五六九	伸びゆく安庫	星座東映画	三 二四〇〇	
E－五四二	拾円のカロリー	モーションタイムズ	三 二三〇〇	食生活改善指導映画
E－五五五	吾れらの法政大学	法政大学映画研究会	一 六〇〇	
E－五六〇	羽曳野の子たち	共映プロ	四 三一三八	戦災孤児の記録映画
E－五六五	私達の民間放送	香映社	二 一五〇〇	
E－五七一	皇太子殿下	東京都	一 九五〇	
E－五七三	時代劇を作る人々 初姿鍛の舞	大日本映画興業株式会社	二	

○スポーンニュース

P－二三七	ムービー・タイムス第二三七号	プレミア		
P－二三八	〃 第二三八号	〃		
P－二三九	〃 第二三九号	〃		
P－二四〇	〃 第二四〇号	〃		

P－二四一	〃 第二四一号	〃		

○新版

S－一三三	はだか大名 総集版	東映	十一 九、五〇〇	企画 高村将嗣 脚本 木下藤吉 玉木潤一郎 渡辺邦男 原作 山手樹一郎 監督 渡辺邦男 昭和二十七年製作
S－一三四	初祝二刀流（「高田の馬場」の改題）	大映	八 五、四三六	製作 山口哲平 原作 澤島和雄 脚本 依田義賢 監督 松田定次 昭和十九年六月製作

C－13

映画審査概要

○わが母に罪ありや　松竹

ストリップ・ショウの場面一部削除希望し実行された。

○ひばり姫初夢道中　松竹

やくざに義場面があるが　扱いがレビュー様式風の作品でもあるので　今后に於ては尚仁義場面は充分注意さるべきであるとの警告付きを以てこれを認めた。

○風雲千両船　東宝

十巻目　料亭へ乱入した役人の一味が　何ら罪もない宿の女中をけさがけに後から斬り下すカットを削除希望し実行された。（十呎）

○鞍馬天狗青銅鬼　新東宝　綜芸プロ

子供を縛って吊すところがあるが　残酷な感じはないので削除しないことにした。但しこれを以てすべての場合の前例とはしない。

○真空地帯　新星映画社

四巻目　外出許可の知らせを聞く兵隊の一人が横から抱きついて卑猥な印象の行為と台詞のある箇所を削除希望し実行された。（四・五呎）　これは脚本審査の時は書かれていなかったものである。念のため附記する。

○時代劇を作る人々
初姿　敷の舞　大日本俳優興業株式会社

モデルの裸婦が出てくるところ削除希望し実行された。

○初祝二刀流（「高田の馬場」の改題）　大映

八巻目　浅野内匠頭切腹の如実な描写の件　美化の印象あり削除希望し実行された。（六九呎）

宣伝広告審査概要

○該当事項なし

各社封切一覧

封切月日	審査番号	題名	製作会社	備考
○松竹				
十二月四日	八五五	唄祭り清水港	松竹	
	八七一	流れの旅路	〃	
十二月十日	八五九	情火	〃	
十二月十七日	八七三	若奥様一番勝負	〃	
十二月二十三日	八九三	わが母に罪ありや	〃	
十二月二十四日	七二八	夏子の冒険	〃	
十二月二十九日	八七八	ひばり姫初夢道中	〃	
○東宝				
十二月四日	八三九	次郎長三國志 次郎長売出す	東宝	

十二月十日	八五八	春の囁き	東京映画
十二月十六日	八五六	風雲千両船	東宝
十二月二十三日	八三七	七色の街	〃
十二月二十四日	八五四	次郎長三国志 次郎長初旅	〃
十二月二十九日	八八一	あゝ青春に涙あり	〃
○大映			
十二月三日	八三四	千羽鶴	大映
十二月四日	八五三	街の小天狗	〃
十二月十一日	八六四	新州天馬侠	〃
十二月十六日	八七六	乾杯！東京娘	〃
十二月二十三日	八八〇	あの手この手	〃
十二月二十九日	八七五	彼女の特ダネ	〃
○新東宝			

C—17

十二月二日	八六一	サラリーマン喧嘩三代記	新東宝
十二月十日	八六六	底抜け青春音頭	新東宝 新芸プロ
十二月二十五日		新版再上映	
十二月二十九日	八八三	鞍馬天狗 青銅鬼	新東宝 新芸プロ
○東映			
十二月四日	八六二	紺屋高尾	東映
十二月十一日	八六五	二人の母	〃
十二月十八日	八八七	エンタツちよび髭漫遊記	〃
十二月二十三日		新版再上映	東宝
十二月二十九日	八七九	花吹雪男祭り	東映
十二月二十日	八二三	真空地帯	新星映画

審査記録索引（三十六号ー四十一号）

題名	脚本 号	脚本 頁	改訂版 号	改訂版 頁	映画 号	映画 頁	宣伝 号	宣伝 頁
○松竹								
緑の風	36	a-9						
現代人	36	a-9						
新婚の夢	36	a-15						
悲しき小鳩	36	a-16						
長兵衛の手紙	36	a-18						
丹下左膳	37	a-6						
湯の町しぐれ	37	a-7						
牛若丸	37	a-8						
彼を殺すな	37	a-4						
此人を私じゃなかったに	37	a-9						
女将	37	a-9						
柳生の兄弟	37	b-1						
坊ちゃん重役	37	b-9						
バクさんの髑髏	38	a-14						
王将一代	38	a-17						
お嬢さんお目出度う	38	a-17						
鵜	38	a-20						
母は叫び泣く	38	a-21						

c—19

未完成結婚曲	38	a-25		
武蔵と小次郎	39	a-7	39	b-11
嵐といふらん	39	a-12		
カルメン純情す	39	a-14		
うず潮	39	a-15		
花咲くわが家	39	a-20		
明日は月給日	40	a-9		
若君罷り通る	40	a-11		
春の鼓笛	40	b-1		
あなたほんとに凄いわね	40	b-2		
びっくり三銃士	40	b-3		
○東宝				
東京の恋人	36	a-11		

唄祭り清水港	40	b-5
情火	40	b-8
流れの旅路	41	a-9
若奥様一番勝負	41	a-10
人肌剣法	41	a-13
ひばり姫初夢道中	41	a-14
處女雪	41	a-17
妻の青春	41	a-18
やっさもっさ	41	a-19
わが母に罪ありや	41	a-23
上海の女	37	a-5

c—20

續・三等重役	37	a—6		
結婚案内	37	a—10		
激流	37	b—10		
足にさわった女	38	a—12		
まぼろしの女	38	a—13		
恐妻時代	39	a—15		
立は花ざかり	39	a—16		
港へ来た男	39	a—19		
○大映				
怪談深川情話	36	a—12		
二つの処女線	36	a—15	38	c—1
新やじきた道中	36	a—16		
花嫁花婿チャンバラ節	36	a—22		

七色の街	39	a—20		
次郎長売出す	39	a—21		
風雲千両船	40	b—6		
次郎長初旅	41	a—8		
吹けよ春風	41	a—11		
あゝ青春に涙あり	41	a—15		
夫婦	41	a—21		
すっとび駕	36	a—23	38	c—1
續馬喰一代	36	a—24		
大あばれ孫悟空	36	a—26		
美女と盗賊	37	b—3	39	b—11

c—21

腰抜け巌流島	38	a—9	都会	40	b—4
稲妻	38	a—10	街の小天狗	40	b—4
勘太郎月夜唄	38	a—11	新州天馬侠	40	b—13
二人の瞳	39	a—6	母の瞳	41	a—6
大佛開眼	39	a—6	新婚のろけ節	41	a—9
巣鴨の母	39	a—13	彼女の特ダネ	41	a—11
明日は日曜日	39	a—14	乾杯!東京娘	41	a—12
千羽鶴	39	a—17	あの手この手(陽の当る家の改題)	41	a—16
社長秘書	40	a—11	からくり屋敷	41	a—16
秘密	40	b—1			
○新東宝					
東京の笑くぼ	36	a—11	続チャッカリ夫人とウッカリ夫人	36	a—14
歌くらべ荒神山	36	a—13	慟哭	36	a—25

風雲七化ケ峠	36	a—26		
浅草四人姉妹	37	a—5		
アナヤコ青春手帖 東京篇	37	b—5		
お好み御意見娘	37	b—8		
娘十九はまだ純情よ	38	a—11		
チヨイト姐さん思いで柳	38	a—12		
虎造の清水次郎長傳	38	a—15		
濡太郎笠	38	a—20	40	a—12
モンテンルパの夜は更けて	39	a—7		
○東映				
修羅八荒	36	a—25		
暗黒街の鬼	37	a—8		
決戦高田の馬場	37	b—3		

芸者ワルツ	39	a—8		
アナヤコ青春手帖 大阪篇	40	b—2		
夕焼け富士	40	b—5		
女といふ城(前後)	40	b—9		
サラリーマン喧嘩三代記	40	b—10		
ハワイの夜	40	b—13		
底抜け青春音頭	41	a—6		
鞍馬天狗青銅鬼	41	a—15		
○東映				
冊の罪	37	b—4		
クイズ狂時代	37	b—5	39	b—11
泣虫記者	37	b—6		

C.—23

鞍馬天狗一騎討ち	38	a—22	
ギラム	38	a—24	
人生劇場 第一部青春愛欲篇	39	a—5	
ひめゆりの塔	39	a—8	
今日は会社の月給日	39	a—11	
人生劇場 第二部残侠離愁篇	39	a—18	
銭なし平太捕物帖	39	a—19	40 c—10
流賊黒馬隊 第二部 月下の対決	39	a—21	
○其の他			
初恋トコシヤン息子（井上プロ）	36	a—10	
姉妹（宝塚映画）	36	a—10	
裸になつた乙姫さま（富士映画 セントラル映画）	36	a—13	38 c—2
殺人容疑者（電通）	36	a—17	

飛びっちよ判官	40	b—7
紺屋高尾	40	b—11
二人の母	40	b—14
花吹雪男祭り	41	a—14
エンタツちよび髭漫遊記	41	a—18
喧嘩笠	41	a—21
旗本退屈男 八百八丁罷り通る	41	a—22
加賀騒動	41	a—26
清水港は鬼より怖い（宝プロ）	36	a—18
お江戸太平記（宝塚映画）	36	a—19
吉良の仁吉（聯合映画）	36	a—20
思春期の女生徒たち（ラヂオ映画）	36	a—21

浪節情話 浪の恋千鳥	（新映）	36	a-24		
火に賭ける男	（内外映画）	37	a-10		
細川ガラシャ 乱世の白百合	（リリア・アルバ(称)）	37	b-2	40	c-10
お嬢さま捕物帖 恋の捕縄	（宝塚映画）	38	a-8		
その夜の誘惑	（〃）	38	a-8		
モンテンルパ 残された人々	（東京プロ）	38	a-16	40	c-11
慾は云わない	（協和映画）	38	a-16		
私は十人の娘を老殺した	（小川プロ）	38	a-18		
ひよどり草紙 第一第二第三第四部	（宝プロ）	38	a-23	40	c-10
残燈	（第一テレビ映画）	38	a-23		
さくらんぼ大将	（芸苑プロ）	38	a-25	39	b-12
真空地帯	（新星映画）	39	a-12		
りんご園の少女	（新芸術プロ）	39	a-16		

風雲卍被	（アトム映画）	39	a-22		
天狗の源内	（宝塚映画）	40	a-9		
女ひとり大地をゆく	（キヌタプロ）	40	a-10		
拾った人生	（新理研）	40	b-3		
春の囁き	（東京映画）	40	b-8		
千姫	（宝塚映画）	41	a-7		
暖風	（〃）	41	a-12		
びっくり六兵衛	（東京映画）	41	a-17		
殺人列車三〇一号	（電通DFプロ）	41	a-17		
村八分	（近代映画協会）	41	a-20		
縮図	（〃）	41	a-25		
春ひらく	（新映）	41	a-10		
斗いの記録	（京都地区メーデー実行委員会）			36	b-12

c—25

題名	審査回	記号
一九五二年メーデー（共同映画）	36	[illegible]-13
花は何故咲くのでしょう（大日本推優興業株式会社）	37	c-10
女生徒の性教室（ラジオ映画）	38	c-2
新しき日本 岡山篇（毎日新聞社）	39	b-12
海猫の港（大映）	36	b-18
鞍馬天狗 江戸日記（日活）	36	b-14
虎造の荒神山（東宝）	38	c-2
東海水滸伝（大映）	38	c-2
宮本武蔵 総集篇（日活）	38	c-3
織田信長（〃）	39	b-12
剣光桜吹雪（〃）	39	b-12
日本剣豪伝（東宝）	41	b-11
続姿三四郎（〃）	41	b-12

映画倫理規程審査記録 第四十二号
昭和二十八年一月五日発行
発行責任者 池田義信
東京都中央区築地三ノ六
日本映画連合会
映画倫理規程管理部
電話 (55) 二八〇二 〇六九六番

映画倫理規程審査記録

第43号

43

映画倫理規程

審査記録

28.1.1　28.1.31

映画倫理規程管理委員会

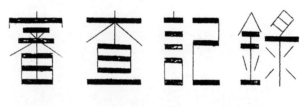

〔目次〕

審査脚本一覧

社名	題名	受付日	審査終了日	備考
松竹	花嫁花婿寝言合戦	一、六	一、八	
〃	大学の龍虎	一、六	一、八	
東宝	ひまわり娘	一、六	一、八	
東映	毋子鳩	一、六	一、九	
宝塚映画	悲劔乙女櫻 自主改訂版	一、八	一、九	「東海美女秘録」「美女秘叙録」の改題
東宝	総理大臣の恋文《ラブレター》	一、九	一、一二	
井上プロ	テレビ狂時代	一、六	一、一二	
大映	現代處女	一、九	一、一四	「陽気な唇」の改題
松竹	関白マダム	一、七	一、一四	
〃	花咲く風	一、一二	一、一四	

a—1

大映	雨月物語	一・一二	一・一四	
東映	韋駄天記者	一二・八		「特ダネ選手」の改題
〃	改訂版	一・一七	一・一九	第二稿
東映	朝焼け富士（後篇）	一・一九	一・二〇	
松竹	（仮題）赤襟青襟	一・一四	一・二一	
松竹	女性の声	一・一七	一・二一	
東映	蛇と鳩	一・八		
〃	改訂版	一・一九	一・二二	改訂第二稿
大映	決闘五分前	一二・一六		「賭けられた女」の改題
〃	改訂版	一・二〇	一・二二	改訂第二稿
東宝	ある晴れた朝	一・六	一・二二	
東京映画	恋人のいる街	一・二三	一・二六	
新東宝	色ごよみ権九郎旅日記	一・二五	一・二六	

東映	鞍馬天狗疾風雲母坂	一・二六	一・二八	
松竹	姉妹	一・二一	一・二九	
〃	初恋おぼこ娘	一・二一	一・二九	
〃	(仮題)おもかげの歌	一・二六	一・二九	
〃	疾風からす隊	一・二六	一・二九	
〃	岸壁	一・二九	一・三〇	
東宝	逃亡地帯	一・二九	一・三一	
大映	トコ春じやもの	一・三〇	一・三一	
松竹	闘魂	一・二九	一・三一	
〃	落葉日記	一・二九	一・三一	

ρ—3

◎新作品……………………二九本

シナリオ数……………………三三本（内改訂版　四本）

内訳‖松竹　一三　東宝　四　大映　五（内改訂版　一）

新東宝　一　東映　七（内改訂版　二）

宝塚映画　一（内改訂版　一）　東京映画　一

井上プロ　一

脚本審査概要

花嫁花婿寝言合戦	松竹

製作　大谷浩道
脚本　中村定郎
監督　田畠恒男

新婚時代の若夫婦をめぐる喜劇

希望事項なし

大学の龍虎	松竹

製作　田岡敬一
脚本　津路嘉郎
監督　酒井辰雄

柔道選手の友情と恋愛を描く学生物

希望事項なし

a—5

ひまわり娘
東宝

製作 藤本真澄
原作 源氏鶏太
脚本 長谷川公之
監督 千葉泰樹

純情な女事務員をめぐる会社生活とラブロマンスを描く

希望事項なし

〃呼子鳥〃より
母子鶴
東映

製作 高村將嗣
原作 加藤武雄
脚本 館岡謙之助
監督 伊賀山正徳

幼くして別れた実母を慕う少年をめぐる人情浪曲物

(1) シーン77 幸子「……警察の方ですか?」
(2) シーン116 七尾「……特別の計らいを……」
は何れも警察を誤解させるおそれあり 削除を希望した(法律)(二ケ所)

a—6

悲釼乙女櫻
（「東海美女秘録」の改題）
（「美女秘釼録」（自主改訂版））

宝塚映画

豚懸半九郎は悪事行であるというより狂人である。女とあれば挑みかゝり　意に従わなければ必ず斬り殺すと云うのであるから　とにかく普通の人間が悪意をもって悪事を敢てすると云う感が全然なく　この半九郎が殺されたことに対する荻江等に関する江戸志中の裁決も　半九郎が人間性の少しもない鬼畜　或いは野獣と見て然るべく裁決すべきであろうと云う意見を製作者側に伝えた。ただしかし　半九郎が女を殺したりする場面は出来るだけ過度に残酷な感じにならぬよう演出上の注意を希望した。（残酷）

a—7

総理大臣の恋文《ラブレター》

東宝

製作　山本紫朗
原作　館真志
脚本　八住利雄
監督　斉藤寅次郎

総理大臣の若き日の恋文をめぐって起る騒動を描いた諷刺喜劇

希望事項なし

テレビ狂時代 （大笑いテレビ大放送）	井上プロ

テレビ受像機の発明者をめぐる人情喜劇

製作　井上　清
企画　丸尾長顕
構成　竹井　諒
脚本　竹中弘祐
〃　　志村敏夫
監督　志村敏夫

希望事項なし

現代処女 （「陽気な唇」の改題）	大映

女性ラジオ・プロデューサーをめぐる恋愛メロドラマ

企画　米田　治
原作　京都伸夫
脚本　須崎勝弥
〃　　赤坂長義
監督　佐伯幸三

希望事項なし

関白マダム　松竹

製作　大町龍夫
原作　鹿島孝二
脚本　津路嘉郎
〃　椎名利夫
監督　池田忠雄

才気煥発の職業婦人と中年の独身紳士の結婚をめぐって夫婦生活の機微を諷刺的に描く

希望事項なし

花吹く風　松竹

製作　杉山茂樹
原作　北條誠
脚本　八住利雄
監督　川島雄三

性格の異る美ぼうの姉妹をめぐる恋愛メロドラマ

希望事項なし

雨月物語	大映

企画 辻久一
原作 上田秋成
脚本 川口松太郎
〃 依田義賢
監督 溝口健二

戦国の世に夢を求めて妻子を棄てた陶工兄弟にまつわる幻怪譚

シーン48 岩風呂場面演出注意を希望した（風俗）

韋駄天記者（「特ダネ遥子」の改題）	東映

企画 小川正
〃 加藤遒
原作 戸川幸夫
脚本 八住利雄
監督 田中重雄

特ダネ取りに奮斗するかけだしの新人記者の苦心物語

シーン44 エロス座の内部（シーン45 仝楽屋を含む）ストリップの取り扱い 演出上特に注意を希望した（風俗）

朝焼け富士（后篇）	東映

企画　坪井与
〃　西原孝
原作　山手樹一郎
脚本　八住利雄
監督　松田定次

天保飢饉の際の買上米不正事件に絡まる正邪の葛藤を描く時代活劇

(1) シーン82 金太郎「……仇討をしてみても大石内蔵之助云々」（社会）又
(2) 二、三のシーンにある「抱いて寝る」と云う言葉は訂正若しくは削除を希望した（性）

赤裸青裸	松竹

製作　大町龍夫
原作　白川渥
脚本　光畑碩郎
監督　西河克己

父の再婚をめぐる娘ごころの動揺とその愛情に満ちた解決を描く

希望事項なし

a—11

女性の声　松竹

製作　山口松三郎
原作　小糸のぶ
脚本　中山隆三
監督　堀内真直

若き作曲家を慕う女性の恋愛メロドラマ

希望事項なし

蛇と鳩　東映

企画　柳川武夫
原作　丹羽文雄
脚本　棚田吾郎
〃　舟橋和郎
監督　春原政久

新興宗教によって一儲けを企む戦后派事業家をめぐる現代風俗メロドラマ

第一稿が提出されて　それについて宗教的な立場や　また風俗的な立場から映倫上差支えのあるところの改訂を希望し　それに従いつゝ　自主的に第二稿が提出された

第二稿については希望事項はない

決斗五分前（「賭けられた女」の改題・改訂版）	大映

企画　辻久一
脚本　依田義賢
〃　若尾徳平
監督　安達伸生

人生に絶望した犯罪者が復讐しようとした相手の男とその愛人の誠実な心によってよみがえる過程を描いたスリラア物

第一稿について討議の結果　第二稿として改訂版が提出された
第二稿に於ては希望事項なし

ある晴れた朝	東宝

脚本　新藤兼人

a―13

戦后の社会風俗を背景に若い戦争未亡人の生き方を描く

この作品の取材している現実は　今日の日本のおかれた社会的・風俗的な姿態に焦点をあわしているものだけに　駐留軍或いは朝鮮戦争などによって起こる社会的現実がいろいろととりあげられ　批判の対象となっていることは云うまでもないが　ある点これらが今日避けえぬ日本人の現実としてこれがとりあげられ　その正邪の判定は観客の印象に待つといった描写でなされている故に　この線すれすれの限度として　大体これで好いかと思われるが　ともかく　事はアメリカその他に関係する点もあるだけに　外国感情は尊重してその方向のもとで　十分慎重に演出されることが望ましい　これらの点は　シナリオの面だけでは分らないことも多くあり　要は完成映画にまたねばならないであろう　この脚本はなお製作者側に於いて第二稿を作られる旨であるが　ここに提出された第一稿については

以下の点など特に注意されたいことを伝えた

(1) シーン34　徳平の台詞（これは温泉マーク旅館の主人だが）「戦争のおかげでこっちや大繁昌さ」とか「俺りやちやんと外貨獲得の役割を果しているんだぞ」（これは更に後出しばしば）とかあるが　これらは肯定的な印象を与えないよう　批判の対象として印象づけられる演出がのぞましい　他社の作品でこれと似た台詞が削除になった例があるので念のためあげておく（シーン80にも再出）（国家）（二ヶ所）

(2) シーン36（同様シーン89に再出） 戦争のショックで精神病院に入っている孝子の台詞のうち「B29よ」とあるのは止めて欲しい これはなくても十分に意は表現出来るし 今日の現実は例え如何にあろうと 過去のアメリカを特にここに出すのは 反米的なにおいを強めることになりかねないので 以上のようにされた方が好いと思う
（国家）（二ヶ所）

(3) シーン41 正樹の黒人兵にどなる台詞 演出注意を希望した（国家）

(4) シーン52 〈血だらけの裸体の男〉演出注意希望 過度に刺戟的でないように（残酷）

(5) シーン63 ヒロ子宛の〈金釘流の横文字〉の手紙（黒人兵の書いたものとなっている）の文面は ヒロ子の云っている「戦争なんて嫌なことだ」と云った厭戦的な表現はその手紙の上に（たとえ欧文であっても）は実際は書かれてないことにして貰う ヒロ子の云っているのはただ本人の推量に止るものであるから（国家）

(6) シーン65 正樹の台詞の中の「日本でアメリカ人が威張っているからかい」は止めて欲しい（国家）

(7) シーン68 ヒロ子の戦争反対の台詞の中の「人を殺しているんだよ」及び「人殺しの道具を作るのは止めますってね」及び「人殺しを手伝ったり」は止めて欲しい（国家）

(8) シーン87 大工場の作業場は 特需の下請け軍需工場のつもりであるらしいが 具体的な工場描写でないように在って欲しい（国家）

a−15

以上の点は主として　外国感情にふれる点が多いが　この作品が決してあざといセンセショナリズムを狙ったものとは考えられないので　以上の点を注意して改備されれば　当方の心配は少くなると思われる
こう云うものである故になお十分の注意をされて　主題の正しい印象を与えるように心をくばられたいと思う　それがもともとこの作品の人道主義的な所期の目的でもあろうからである

恋人のいる街
東京映画

製作　加藤譲
企画
原作　新宿ペンクラブ
脚本　中江良夫
〃　松浦健郎
監督　阿部豊

新宿界隈の現代風俗と世相を描く

希望事項なし

a―16

色ごよみ 権九郎旅日記

新東宝

製作　野坂和馬
〃　柴田万三
原作　田岡典夫
脚本　城　三平
監督　志村敏夫

だまされて愛人と引離された侍が　旅路に描く女難の喜劇

「色ごよみ」とある如く　そのような内容であるので余り野卑な言葉や　動作は出来るだけ止めて戴く（別の映画では容認されている程度のものでも）と云うことになり　次の如く改訂或いは演出注意を希望した

(1) シーン9　「女の味……」「四十八手裏表ツーと云えばカー」の言葉は別のものにして欲しい（性）（二ヶ所）

(2) シーン17　「お種頂戴……」この言葉も改めて欲しい（性）

(3) シーン46　安吉の背中の刺青……これは刺青を派手に出さぬよう演出注意希望（社会）

(4) シーン49　婆さんが帯をとき襦袢の紐を解いて云々から前を合わせるまでのシーンは風俗上十分に注意して演出のこと（風俗）

(5) シーン55　たねと権九郎の対話　たねと弥助の対話　その中のたねの台詞に「男と寝ることずら」とか「道だか畠だか知んねえが　嫁さ行くも女郎になるも男と寝るに変り

はねえずらし等其他好ましからざるものもあり然るべく改訂のこと（性）

鞍馬天狗疾風雲母坂	東映

企画　大森康正
〃　竹中美弘
原作　大佛次郎
脚本　小川正
〃　丸根賛太郎
〃　鏡二郎
監督　萩原遼

強力火薬の発明を護る鞍馬天狗の活躍を描く

希望事項なし

姉妹	松竹

製作　山口松三郎
脚本　橋田寿賀子
監督　岩間鶴夫

歌の上手な末娘を中心に三人姉妹の愛情と恋を描く

希望事項なし

初恋おぼこ娘
松竹

製作　桑田良太郎
脚本　光畑碩郎

お茶問屋の若旦那とお好焼屋の娘の明るい下町恋愛物

希望事項なし

おもかげの歌
松竹

製作　大町龍夫
脚本　小林桂三郎
監督

a―19

盲目の花売娘への愛情故に罪を犯す刑余者と老刑事とをめぐる人情物語

希望事項なし

（但し　その中に貧しい盲目少女のそこひ手術と医師が五万円位かかるといっている部分　余り一般患者の希望をそがないような表現に注意して貰うと一層好いと思われる点念の為申添えた）

疾風からす隊	松竹

製作　小倉浩一郎
原作　村上元三
脚本　柳川真一　森田龍男
監督　内出好吉

幕末の江戸　京洛を舞台に陰謀と正義の角逐を描く活劇物

希望事項なし

岸壁	松竹

製作　白井和男
脚本　馬場当
監督　中村登

a—20

善意の人々の心に相搏つ妄執と解脱の戦いをある港町の船乗りの生活に描く

希望事項なし

逃亡地帯	東宝

製作 本木荘二郎
原作 由利穣一
〃 西島大
脚本 松浦健郎
〃 杉江敏男
監督 杉江敏男

はじめて真実の恋を知ったやくざ者とその情婦をめぐる愛憎の葛藤を描く

(1) シーン31 リンナの描写は訂正希望（残酷）
(2) シーン61「注射」は演出注意を希望（残酷）
(3) シーン27 33の矢部とトシ江の絡みも同様（性）

トコ春じゃもの	大映

脚本 八住利雄
監督 仲木繁夫

商売敵の二軒の床屋の息子と娘をめぐる歌謡曲入喜劇

希望事項なし

闘魂	松竹

製作　市川　哲夫
原作　甲斐　光彦
脚本　沢村　勉
監督　大曽根　辰夫

学生柔道界の猛者をめぐる恋と制覇の物語

希望事項なし

落葉日記	松竹

製作　小出　孝
原作　岸田　国士
脚本　野田　高梧
監督　瑞穂　春海

混血の美少女が辿る宿命の人生行路を描く

シーン100　「テキサス生れの若い中尉……」は外国感情を尊重する意味で固有名詞は止めて欲しい（国家）

審査集計

	規程條項	関係脚本題名及希望個所数		集計
1	国家及社会	「朝焼け富士（後篇）」	1	12
		「ある晴れた朝」	9	
		「権九郎旅日記」	1	
		「落葉日記」	1	
2	法律	「母子鳩」	2	2
3	宗教	希望事項なし	0	0
4	教育	希望事項なし	0	0

5―1

5	風俗	「雨月物語」	1	3
		「韋駄天記者」	1	
		「権九郎旅日記」	1	
6	性	「朝焼け富士（後篇）」	1	6
		「権九郎旅日記」	4	
		「逃亡地帯」	1	
7	残酷醜汚	「悲劇乙女櫻」	1	4
		「ある晴れた朝」	1	
		「逃亡地帯」	2	

◎希望事項総数…………二七

6—2

審査映画一覧

○劇映画

審査番号	題名	会社名	巻数	呎数	製作	企画	原作	脚本	監督	主演
九二二	花嫁花婿寝言合戦	松竹	五	三、九八五	大谷浩道			中村定郎	田畠恒男	大坂志郎 小園蓉子
九〇五	江戸いろは祭	〃	十	八、五二七	小倉浩一郎 高木貢一		村上元三	鈴木兵吾	内出好吉	高田浩吉 山田五十鈴
九一一	まごころ	〃	十	八、四九三	久保光三			木下恵介	小林正樹	石浜朗 田中絹代
九二七	関白マダム	〃	十	八、〇八八	大町龍夫		鹿島孝二	津路嘉郎 椎名利夫	池田忠雄	佐野周二 月丘夢路
九二三	大学の龍虎	〃	五	三、九八八	田岡敬一			津路嘉郎	酒井辰雄	若杉英二 北原三枝
八七四	吹けよ春風	東宝	九	七、四二九	田中友幸			黒沢明 谷口千吉	谷口千吉	三船敏郎 越路吹雪

6—3

八九二	夫婦	東宝	十	七七八三	藤本真澄			水木洋子 井手俊郎	成瀬巳喜男	上原謙 杉葉子
八七〇	新婚のろけ節	大映	十	八〇一一		三浦信夫	夏目咲太郎	笠原良三	田中重雄	[illegible] 三條美紀
九〇七	凸凹太閤記	〃	十	七七八二		辻久一		民門敏雄	加戸敏	森繁久弥 伏見和子
九〇四	妖精は花の匂いがする	〃				浅井昭三郎	藤沢桓夫	若尾徳平 田中澄江	久松静児	森雅之 久我美子
九一九	十代の性典	〃	九	七七五〇		土井逸雄		須崎勝弥 赤坂長義	島耕二	長谷部健 沢村晶子
八六三	ハワイの夜	新東宝 新生プロ	九	七六一一	星野和平	伊藤基彦 佐野宏	今日出海	松浦健郎	マキノ雅弘 松林宗恵	鶴田浩二 岸恵子
八六〇—二	女といふ城 夕子の巻	新東宝	九	七〇六〇	篠勝三		小島政二郎	館岡謙之助	阿部豊	上原謙 乙羽信子
八七二	嫁ぐ今宵に	新東宝 新映						斉藤達雄	斉藤達雄	山内明 島崎雪子
八九九	金語楼の親馬鹿花合戦	新東宝	九	七〇二〇	安達英三郎			井手雅人	渡辺邦男	柳家金語楼 左幸子

ム—4

八一〇	ひめゆりの塔	東映	十二	一一、六一五	マキノ光雄	伊藤武郎		水木洋子	今井 正	津島恵子 香川京子
九〇一	奥河岸の石松	〃	十	七、九〇〇		三上訓利	宮本幹也	館岡謙之助	小石栄一	河津清三郎 島崎雪子
九二六	毌子鳩	〃	九	八六三二	高村将嗣	三上訓利	加藤武雄	館岡謙之助	伊賀山正徳	宮城千賀子 小畑やすし
八三三	女ひとり大地をゆく	キヌタ・プロ 日炭労			浅野龍麿 川久保勝正			新藤兼人 千明茂雄	亀井文夫	宇野重吉 山田五十鈴
八六九	暖風	宝塚映画	四	三〇八八				横山絡三	内村禄哉	石田二郎 櫻間孝子

○予告篇

九一一―T	松竹製作ニュース 第一〇五号	松竹			まごころ
八九二―T	夫婦	東宝			
九一八―T	江戸っ子判官	〃			ひまわり娘（特報）
九〇七―T	大映ニュース 第二三七号	大映			凸凹太閤記
S―二三五―T	〃 第二三九号	〃			鞍馬天狗 黄金地獄

a—5

八七〇－T	大映ニュース 第四三号	大映			新婚のろけ節
九〇四－T	〃 第二三六号	〃			妖精は花の匂いがする
S－一三七－T	〃 第二四一号	〃			花嫁一本刀
九一九－T	〃 第二四二号	〃			十代の性典
八六〇－二－T	女という城 夕子の巻	新東宝			
八九九－T	金語楼の親馬鹿花合戦	〃			
八七二－T	嫁ぐ今宵に	新東宝 新映			
九〇一－T	魚河岸の石松	東映			
九二六－T	毌子鳩	〃			
八九六－T	加賀騒動	〃			
八六八－T	千姫	宝塚映画			
○併映短篇					
E－五四五	東京の復興	新理研	二	一、八〇〇	鹿島建設株式会社企画

5－6

E－五七七	新しい生活 新しい住宅 ユニット・ハウス	国際宣伝映画（株）	一	五〇〇	
E－五七九	産業ニュース第一号	新大都映画	一	八〇〇	
E－五八〇	だめだめ夫人となるほど夫人	千代田映画	二	一、八〇〇	油脂宣伝映画
E－五八二	茨城県ニュース 第九号	茨城県 弘報課	一	八〇〇	
E－五八四	昭和二十八年初場所大相撲 前半戦	大日本相撲協会 映画部	一	一、〇〇〇	
E－五八五	〃 後半戦	〃	一	一、〇〇〇	
○スポーツ・ニュース					
P－二四二	ムービー・タイムズ 第二四二号	プレミア			
P－二四三	〃 第二四三号	〃			
P－二四四	〃 第二四四号	〃			
P－二四五	〃 第二四五号	〃			

6−7

○新版

S—一三五	鞍馬天狗 黄金地獄	大映	十一	八三七八	原作 大佛次郎 昭和十七年十月製作 脚本 伊藤大輔 監督 伊藤大輔
S—一三六	伊那節仁義（「伊那の勘太郎」の改題）	東宝	七	六、〇〇五	脚本 八住利雄 昭和十八年製作 監督 滝沢英輔
S—一三七	花嫁一本刀（「三代の盃」の改題）	大映	七	六、一三八	脚本 八尋不二 昭和十七年十二月製作 監督 森一生
S—一三八	劔雲三十六騎（「伊賀の水月」の改題）	〃			脚本 比佐芳武 昭和十七年八月製作 監督 池田富保

○以上四本は保留映画のリストに含まれて居るものでありますが　今回の審査により保留映画のリストより除外されました。

6—8

映画審査概要

○ひめゆりの塔　　東映

国民感情を尊重するという点で一般の誤解を避けるために「この映画では無批判に信ずる者たちの悲劇を描こうとした　ただそれのみである」と云うタイトルを特に冒頭に掲げることになった、

又　六巻目「ガス弾」と云う台詞抹消して貰った

○女ひとり大地を行く　　日本炭鉱労仂組合北海道地方本部　キヌタ・プロダクション

一月十九日試写の後　約二時間に互りカット場面につきディスカスションを行い　結論を得ず、翌日全審査員の集合を得て当方の意見をまとめ　再びキヌタプロの柏倉氏に当方の意向を伝え　善処を希望した。その後キヌタプロの返事が無く　その間一月二七日　日本炭鉱労組より映倫へ　この映画の改訂に反対する抗議文が提出された。

そして一月二九日　キヌタプロの意見が柏倉氏により提出された。それによれば当方の希望意見を大体諒承したものである。

当方の希望事項は次の二個所である

(1) シーン110　タヌキ御殿の場で外人の演説

「今や朝鮮の戦争は大切です　日本は自由国家の一員として　またアジアの共産破として　産業人の責任はとても重いです　皆さんの努力によって石炭増産の成功を期待します」

を全部削除すること、

これに対してキヌタプロは諒解

(2) シーン128　炭坑風呂の中の会話

「いつかの新聞に北洋炭が朝鮮に送られるっていうこと　ちゃんと出てたぞ」

及び

「パンパンと寝るとき……」

の二個所の削除を希望したところ

「朝鮮に」を「戦線に」　「パンパンと」を　「一杯のんで」と訂正（再録音）する

という返事があった。

○

鞍馬天狗
黄金地獄　　大映

原題名「鞍馬天狗」（伊藤大輔　大映版）は保留映画となっていたものだが　外国感情を尊重し　毛唐という台詞二ヶ所　麻薬名「阿片」の出る台詞一ヶ所を削除希望し　実行された。（二二呎）

○　伊那節仁義　　東宝

勤皇攘夷に関する個所　四個所削除希望し　実行された。（保留映画）

○　劔雲三十六騎　　大映

原題名「伊賀の水月」

内容は在来の荒木又右ヱ門の仇討事件であるが、ここでは単に個人と個人の型どおりの仇討でなく　時の大名　旗本　幕府の政治の面の中で　ひくにひけない事件となっていったように描かれている主題の方向の点　批判的であると云い得る。

ただ三大仇討のひとつではあり　無批判に肯定されてはならぬことであるだけに　冒頭に蛇足かも知れないが　次の解説タイトルを入れて貰うことにした。

「寛永年間——

武士の面目ということが大名と旗本の対立をまね、仇討が正当であると考えられた時代の物語である」（保留映画）

宣伝広告審査概要

該当事項なし

6—12

各社封切一覧

封切月日	審査番号	題名	製作会社	備考
○松竹				
一月三日	八九八	学生社長	松竹	
	九一〇	東京やんちゃ娘	〃	
一月九日	八四七	春の鼓笛	〃	
	九〇八	好きなアンタハン	〃	
一月二十二日	九〇五	江戸いろは祭	〃	
	九二二	花嫁花婿寝言合戦	〃	
一月二十九日	九一一	まごころ	〃	
○東宝				
一月三日	九〇〇	一等社員	東宝	

5-13

一月三日	八八六	びっくり六兵衛	東京映画	
一月九日	S—一三一	日本剣豪伝より 血斗柳生谷	東宝	（新版）
一月十五日	八七四	吹けよ春風	〃	
	九〇三	親分の青春	東京映画	
一月二十二日	八九二	夫婦	東宝	
一月　日	八六九	暖風	宝塚映画	
	八六八	千姫	〃	
○大映				
一月三日	八八二	銭形平次捕物控 からくり屋敷	大映	
一月九日	八六七	田の瞳	〃	
	S—一三四	初祝二刀流	〃	（新版）
一月二十二日	八四五	社長秘書	〃	
一月二十八日	九〇七	凸凹太閤記	〃	

2—17

一月二十八日	S—三五	鞍馬天狗 黄金地獄	〃	（新 版）
○新東宝				
一月三日	八九七	珍説忠臣蔵	新東宝	
一月九日	八六三	ハワイの夜	新東宝 新生プロ	
一月十五日	八六〇	女といふ城 マリの巻	新東宝	
一月二十二日	八六〇—二	女といふ城 タチの巻	〃	
一月二十九日	八九九	金語楼の 親馬鹿花合戦	〃	
○東映				
一月三日	八九一	喧嘩笠	東映	
一月九日	八一〇	ひめゆりの塔	〃	
一月二十二日	八九五	旗本退屈男 八百八丁罷り通る	〃	
一月二十九日	九〇一	魚河岸の石松	〃	

6—15

映画倫理規程審査記録第四十三号

昭和二十八年二月五日発行

発行責任者　池　田　義　信

東京都中央区築地三ノ六

日本映画連合会

映画倫理規程　管　理　部

電話築地(55)二八〇二番
〇六九六番

映画倫理規程審査記録

第44号

44

映画倫理規程

審査記録

28.2.1～28.2.28

映画倫理規程管理委員会

「目次」

管理部記事

昭和二十八年度 映画倫理規程管理委員は今回次の如く決定 それぞれ委嘱されました

委員長 渡辺銕蔵
副委員長 池田義信
委員 月森仙之助
〃 堀江史朗
〃 松山英夫
〃 林文三郎
〃 石原春夫
〃 牛原虚彦
〃 瀧澤英輔

委員　八木保太郎
〃　柳井隆雄
〃　阿部義和

管理委員会は　二月六日　本年第一回の会議を開催　席上　大谷映連会長　渡辺映倫委員長より次の如き挨拶が発表されました。

日本映画連合会
会長　大谷竹次郎

わが日本映画連合会が戦后の文化各界にさきがけて「映画倫理規程」を創設し　その自主的管理を開始致しましてから　早くも第四年目の春を迎えました。

草創の頃には、社会に宣明された遠大高邁の理想に対して、自ら確乎たる信念と抱負に燃えながらも、前途の宏遠を想うとき、果してこの理想が、現実との戦いに於て克くその光彩を失うことなく、管理委員会の機能を推進してその社会的効果を萬全ならしむるや否や　自他ともに一抹の不安を禁じ得なかったものであります。然るに日本映画界の決意と

努力は　意想外にこの杞憂を粉砕して着々その成果を築き　特に昨年度の如き　審査脚本数に於て前年の三割を増加したにも拘らず　規程の条文に照して発せられた希望事項の数がその半ばに激減したという事実は　既に倫理規程制定の精神が　映画製作の局面に深く滲透し来った証差として　日本映画界の喜ぶべく誇るべき業績と申せましょう

凡そ事業の基盤となるものは人的経緯的要素も勿論でありますが、これを支え　これを活動せしむる原動力こそ　社会的信用であります。映画倫理規程の成果こそ　映画界が社会に対して示し得る最大の信用状であり　映画そのものの質的向上と相俟って　今や邦画に対する好評と支持とが　日を追って高まる現状にあり　国際的進出の機運増大と共に映画界は戦后未曽有の活況を呈しつつある次第でありますが「映画倫理規程」管理の当事者に於ても　この輝かしい躍進の春を迎えて　自重自戒　一層の成果を期せられんことを切に希望して止みません。謹而諸君の御健闘を祈ります

昭和二十八年二月六日

映画倫理規程管理委員会

委員長　渡辺銕蔵

昭和二十八年を迎えて　茲に映画倫理規程管理委員会も新しい構成の下に　第五年度の

a—3

事業を開始するに至りましたことは　われわれの深く喜びとする所であります。

遠大な抱負と高邁な理想を掲げたこの運動も所詮は映画という巨大な社会的文化財の機能を確認する所に始まったのであり　その機能が完全適切に発揮されて　大衆の日常生活に深い潤いをあたえる「地の塩」となる所にこの運動の目的は始めて達せられると申せましよう。従って　この運動はあくまでも映画界の自主的活動であると同時に　その背後を支えるものが社会大衆の世論であることを常に忘れてはならないと思います。管理委員会が過去三年半の間　幾多の事業を解決し　大過なく所期の目的を遂行し来った業績の裏に常に鋭い世論の批判鞭撻と　日本映画を愛する社会大衆のかわらざる支持があったことは疑うべからざる事実であります。幸いにしてこの運動の目的と真価とはかくの如く社会に認識せられ　映画界自体も亦愈々その運営と研究を進めて　昨年度に於ては特にその効果に見るべきものあり　特に昨年来日本映画の質的向上も著るしく　邦画に対する観客の評価が一新されつつある機運に鑑み　われわれもこの際他の文化各界にさきがけたこの運動の誇りと責任とを失うことなく　一層の精励を以て社会の輿望に応えんことを期したいと思うのであります

昭和二十八年二月六日

◎ 最近の各社企画の動向の中　特に太平洋戦争その他に取材した所謂戦争物が続出する模様に伝えられて居りますが　この傾向について二月二十七日の管理委員会の席上意見の交換が行われ　これら映画の製作が具体化する場合の審査態度としては　あくまで「映画倫理規程」に明記されている如く　「日本国憲法」を遵守することを立前とし　いやしくもこれら映画によって軍国主義が讃美され　外国感情を不当に刺戟することのないよう充分慎重の態度を以て審査に当ることを申合せました。

◎ 各社製作の旧作品を新たに上映する場合の宣伝方法について

二月二十三日の配給委員会に於て　左記の如く決定を見　直ちに実施することになりました。

○ 宣伝物についての審査條項

一、改題　改修等については自社発行の宣材及び新聞広告にその旨を表示する
　但し　原題名を必ず挿入する

二、文字の大きさは「配列キャスト」の文字より小さくしない

三、文字の濃度は「配列キャスト」の文字と同じくする

四、文字の場所は　題名の近くに表示する

尚　何等改題又は改修をしないで　再上映する場合　従来は「新版」の文字を使用し

ていたが今后はこれを宣材及び新聞広告に表示しない
（註）本二月二十三日手配済のものは　これを除く

◎

大映の旧作品「三代の盃」が『花嫁一本刀』と改題され一部改修の上　再上映された際その出演者問題をめぐって二月上旬大映　東映両会社の間に紛争があったようでありましたが　これを報道した「時事通信」（映画芸能版）二月七日号）さらにそれを材料としたと思える二三の新聞記事に大映側の談話として『（前略）また「花嫁一本刀」に久保幸江の出るカットをつけたのは　戦時中の作品であるため　倫理規程の審査で一部分カットされ　画面がつながらなくなったから観客サービスとしてつけたのだ』と記されてあったようでありますが　映倫の審査に提出され　試写を行いました時には既に会社側に於て自主的にカットされて居り　審査の際には存在しなかった場面であって　審査で切除してもらったという事実はありません　右念のため記事訂正をいたしておきます。

a—6

審査脚本一覧

社名	題名	受付日	審査終了日	備考
大映	夕刊小僧	一、二九	二、二	
東映	女間者秘聞 赤穂浪士	一、二一		「女間者」の改題
〃	改訂版	二、二	二、三	改訂第二稿
松竹	次男坊	二、二	二、四	
東宝	花権	二、二	二、四	
新東宝 吉本	アナヤコ青春手帖 第三篇	二、五	二、六	
新東宝 新映	愛の砂丘	二、六	二、七	
東宝	安五郎出世	二、九	二、一〇	
新東宝 綜芸プロ	右門捕物帖 からくり街道	二、一四	二、一六	
蟻プロ	混血児	二、七	二、一七	

a—7

大映	怒れ三平	二 一四	二 一八	
東宝	夜の終り	二 一七	二 一九	「あらたなる朝」の改題
松竹	乙女の診察室	二 一七	二 一九	
東宝	プーサン	二 一八	二 一九	
松竹	（仮題）のれん	二 一八	二 一九	
大映	近世名勝負物語 花の講道館	二 二〇	二 二三	
東映	にっぽんGメン 七番街襲撃	二 二〇	二 二四	
宝塚映画	とんちんかん 怪盗火の玉小僧	二 二三	二 二五	
新東宝	「西鶴諸国噺」より 姫君と浪人	二 二四	二 二六	「浪人と姫君」の改題
松竹	お役者小僧	二 二四	二 二六	

◎新作品　一九

シナリオ数　二〇（内改訂版一）

内訳＝松竹　四　東宝　四　大映　三　新東宝　四

東映　三（内改訂版一）　独プロ　一　宝塚映画　一

脚本審査概要

夕刊小僧	大映

企画　根岸省三
原作　永島一朗
　　　辻本芳郎
脚本　水木洋子
監督　田坂具隆

社会部記者の眼に映じた上野の浮浪児を中心とする社会風俗

これは上野附近に今もなお在る浮浪者の生態を背景にして可憐な少年（浮浪児）を中心に新聞記者の目を通して社会風俗的スケッチとして描かれていていわゆる劇的な話の組立をもってない為に中に出てくるいわゆる社会悪の種々相があたかも無自覚に肯定されているかに一見みえるが　如上の構成のために一々批判なり否定なりをそこへ与えることは劇自体をこわすことになるので　それらの悪が観客に批判の対象として与えられるような印象の意図のもとで演出に注意して貰い（社会）　最初にある解説者の声の一つとしてかかる悪への全体的な批判を入れることも考えられないではないが　この中心になる素朴な少年の人間的な行動が十分にその働きを果しうるかとも思われるので　この点は完成映画

にならなければならないかと思われる　文平と仙台老人の対話（生活の方便としての悪をなすことに人々が無自覚である点）　アコと云うズベ公の文平に云う家出娘をイタブル話の件（シーン68　食堂の中）　パンパンの存在など　十分演出上も注意して貰わないと以上述べた心配が生じる　尚　ヒロポンに関する件（シーン21）は従来の慣例上　ただ「中毒」とし　特殊薬名を出さないで貰えば一層よいとおもう　これは批判の対象となっているので　このままでもよい

尚　ここに出た以上の様な社会悪　或いはその生態は　この映画全体が批判として出されているから特に認めたのであって　これはこの作品にのみ限ることであり　他はそれぞれの場合に応じて処置されることは云うまでもないであろう　念のため附言しておきたい

女間者秘聞 赤穂浪士（「女間者」の改題）	東映

企画　マキノ光雄
〃　坪井与
〃　玉木潤一郎
原作　山上伊太郎
〃　住吉山声
脚本　八尋不二
監督　佐々木康

元禄事件の際　間者となつて吉良邸に潜入した片岡源吾衛門の娘の物語

8―2

忠臣蔵を正面から取上げて映画化することは　現在でも「映画倫理規程」よりして不可能であるが　この前に東映が「赤穂城」を製作した場合には忠臣蔵の映画化ではあつたがこれは忠臣蔵の中の松の廊下から城あけわたしに至るまでの内容を今までの忠臣蔵の描き方とは異つた観点を以て取扱つたものであり　それ故漸く映画倫理規程に於いて容認される処へ到達出来たものである　そしてその際この「赤穂城」は続篇は製作しないことを前提として審査を終了した筈である　処で今回その東映より提出された脚本「女間者」は忠臣蔵のストオリーからすれば　前の「赤穂城」の続きに当る部分を取扱つているのであるが　しかしこの「女間者」は「赤穂浪士の事件を背景として純情可憐な女間者の悲恋物語を描く娯楽時代劇を製作したい」と云う製作者側の製作意図を信頼し敢て赤穂城の続篇でないものとして審査する次第である

1．さて　その脚本の改訂希望事項としては第一稿に於いては

(1) 千世の間者になる動機を主君に御奉公と云うこと以外のものにして戴きたい　さもないとこのままでは封建的主従関係が余りに讃美的である（社会）

(2) 浅野家跡目相続絶望となつてから幕府の失政に対する抗議と云う意味で吉良を討つことに決意するようにすること　それはつまり四十七士の一挙はこれを単なる仇討とはせずこれを幕府の失政に対する抗議と解することに徹底したいからである（法律）

(3) 女間者の活躍に重点を置き　この女間者に関係なき処は出来るだけ省略して欲しい

殊に浅野（瑶泉院実家）中屋敷の場などは封建的主従関係が出過ぎている点でも改訂して貰わねばならない　又四十七士の討入りの場面なども女間者を中心として描き女間者に関係なく四十七士の活躍するシーンは出来るだけ避けて戴きたい（社会・法律）

(4) 終りに近く「何が忠義だ　棺桶に片足突込んでいるような年寄りを大勢か寄ってたかつて首をとるなんてこんな大べら棒な話があるもんか」と云う台詞がある　これは四十七士の一挙を無条件に讃美する人々に対する一つの批判であるが　この批判を効果的にするために　その後に出て来る村上喜劔の言葉の後へ置きかえて欲しい　つまり村上喜劔の言葉よりも「何が忠義だ云々」の言葉の方を結論と云う感じに持って来たいと思うからである（社会）

２ 第二稿に於いての改訂希望事項は次の如きものである

(1) これは第一稿に於いて既に改訂を希望しておいたもので（或る部分希望通りの改訂がなされてはいるが）　幕府の失政に対する抗議と云う心境を大石にはっきり出して貰いたいと云う点であるが　更にもっとこの心境を明確に出すよう加筆して戴きたい（法律）

(2) シーン135　大石が上野介に刀をつきつけて自害を強要する処　自決を取扱う場合の慣例もあり多少の改訂が望ましい（社会）

３ 結句第三稿に於ける脚本により次の如き演出注意の希望事項があり漸くこの脚本の審査

を全部完了した

(1) あくまで女間者が主役であるよう全体として女間者の活躍に重点を置いて演出して戴き「忠臣蔵のストオリーとしての赤穂浪士の事件は出来るだけ背景の感じに演出して欲しい（社会・法律）

(2) 前述と同じ意味で四十七士の討入りは千世の行動を中心に描いて戴くよう演出上でも十分に注意して貰いたい（社会・法律）

(3) 「何が忠義だ　棺桶に片足突込んでいるような年寄り云々」の批判は重大なものであるから　この批判を効果的にするために吉良に関する演出は十分に注意して欲しい（社会）

次男坊	松竹

純情一徹の青年が現代社会に生きる明朗な姿を描く

製作　小倉武志
原作　佐々木邦
脚本　椎名利夫
監督　野村芳太郎

希望事項なし

抱擁
東宝

製作 田中友幸
原案 八住利雄
脚本 西亀元貞
〃 梅田晴夫
監督 マキノ雅弘

忘れ得ぬ人の面影を追って雪山に身を埋める女の宿命を描く

希望事項なし

アチャコ青春手帖 まごころ先生の巻
新東宝 吉本

製作 杉原貞雄
原作 長沖一
脚本 八住利雄
監督 松林宗恵

山村の分教場をあずかるアチャコ先生をめぐる人情喜劇

希望事項なし

8―6

愛の砂丘	新東宝 新映

企画　大塚和
・多賀祥介
脚本　木下恵介
監督　青柳信雄

相別れた初恋の男女の子供たちが　再び温かく結ばれる愛情の物語

希望事項なし

安五郎出世	東宝

製作　田中友幸
原作　藤原審爾
脚本　西亀元貞
・棚田吾郎
監督　滝沢英輔

小さな漁村に迷い込んだ風来坊をめぐる諷刺喜劇

(1) シーン41　特飲店のシーン　台詞「、、ネエヴィさん、、」は稍々行き過ぎと思われるので変更希望（国家）

8—7

(2) その他　仁義の一人練習のシーン　及び正劇としての扱いならば聊か注意を要する時局的台詞もあるが　本篇は喜劇乃至笑劇風に扱われているので　演出上特にその点を強調することのない様　希望するにとどめた（社会）

右門捕物帖 からくり街道	新東宝 綜芸プロ

製作　竹中美弘
原作　佐々木味津三
脚本　鏡二郎
監督　並木鏡太郎

大名の家の紛糾に絡る殺人事件の謎を解くむっつり右門の活躍物語

希望事項なし

怒れ三平	大映

企画　米田治
原作　今日出海
脚本　松崎俊
監督　久松静児

社会悪に翻弄された純情な青年の怒りを描くメロドラマ

希望事項なし

混血児

蝶プロダクション

製作 井上莞
協力製作 高木行
〃 木宮昌勲
企画 小林文子
原作 高崎節子
構成 八木保太郎
脚本 片岡薫
監督 関川秀雄

戦后日本の混血児問題を描く

(1) シーン9 美佐子がヘンリイと云う混血児（自分の子供）にビンタをくれるとあるのは止めて欲しい（残酷）

(2) シーン12 タミ子と共に自動車に乗っている〈米軍士官〉とあるのは軍服につき それを強調的に描かないこと （成可くならば シビリアンとして描かれることが望ましい）（国家）

(3) シーン28〜36に至る老母のモノローグには 娘の方にも責任のあるように言葉を訂正し

8—9

て欲しい　米兵帰国は娘を捨てる為の目的でなく　軍務で日本を離れることにして欲しい　「その男」と云う言葉は　憎しみのかからない呼び方に代えて欲しい（國家）

(4) シーン80　混血児ポコと中学生の件　続いて女学生のキコちゃんとたしなめる件　共に混血児をめぐっての件である故に　演出の責任に於いて完成映画に於いて決定する　当方の関心ある描写故　勿論これを認めたのではなく演出注意して貰って　最后まで保留する意味を含んでいることを附記する（國家及社会）

(5) シーン93　スラム街の子供の遊びの件　批判の対象としてとり上げられるものと認め演出注意して貰い　これも完成后に決定保留する（教育）

(6) シーン118　子供と親達の黒い皮膚に関する対話の件　ことに女の笑い声は止めて欲しい　この件については尚製作者の方に意見あり　製作者側のリスクに於いて撮影されるならば完成后に決定しても好い旨を伝えた（社会）

(7) シーン119「不幸な例も珍しくない」とあるのを　ただ「ある」に訂正（國家及社会）

(8) ラストのヘンリーをめぐる描写は　刺戟的でないよう呉々も注意を望んだ（國家）

なおこの映画にはかなり問題が多いが　要は演出如何によってどうにでもなりうるものであるだけに　完成映画において最后的な決定をしなければならぬ件りが多いのは避け得ないことと考えた　これらは　云うまでもなく製作者側のリスクに於いてなされるものであって　当方にはその責任はないものである

2—10

夜の終り（「あらたなる朝《あした》」の改題）	東宝

製作　本木荘二郎
脚本　菊島隆三
監督　谷口千吉

生活に虐げられて一時の衝動から　殺人強盗を犯した男が法網に追われつゝ　自責と新生の道にめざめて行く物語

希望事項なし

乙女の診察室	松竹

製作　石田清吉
原作　佐平京子
脚本　沢村勉
監督　佐々木啓祐

思春期の乙女たちをめぐるさまざまの問題をテーマに教育の在り方と結婚の神聖を描く

(1) シーン2　身体検査の順番を待つ女生徒達のなかの　英恵と照子の成長した乳房についての対話は止めて欲しい（風俗・性）

(2) シーン3　雪子先生の紙子の胸を開く件　演出注意希望　同時にこのシーンの最后の雪子の台詞のうち「誰に咬まれたの」（乳首を）は止めて欲しい（風俗・性）

(3) シーン18　職員室での杉山先生の台詞の中　「パン助」と云う言葉は教師として穏当なものに代えて欲しい　（教育）（三ケ所）
これは同時にこのシーンの終りの方の土井先生の「パンパン事件」「パンパン」をとって貰うこと

(4) シーン20　舎則の中の「手紙は往信来信ともに舎監の検閲を通すこと」は批判的な扱いにし　検閲と云う言葉は他の言葉に代えて貰うこと　（法律）

(5) シーン39　紙子を描いた半身裸像の画　余り刺戟的なものでないようにあって欲しい
（風俗）

(6) シーン79　性病標本は　演出上注意して欲しい（性）

(7) シーン118　衛生室の件は演出上特に注意して欲しい（風俗・性）

プーサン

東宝

製作　藤本真澄
原作　横山泰三
脚本　和田夏十
〃　市川崑
〃　永来重明
監督　市川崑

新聞連載漫画を映画化した世相諷刺喜劇

(1) シーン16　補習学校の屋上の場面で
古橋「(急に小さい声で) おい　君は党員かい?」
泡田「違うさ」
古橋「だったらそういう事あんまりはっきり云うのは損だよ」
とあるのは　如何にも恐怖時代を暗示しているようで　社会不安をまねく恐れがあり喜劇的表現としても行き過ぎと考えられる　このシナリオは全体としてこう云う観点から演出に当って注意して欲しい　従って各所に字句の改訂が行われることを期待したい但し共産党を弁護したり　その眼でみよと云うことではない(社会・法律)

(2) シーン3　バーの場面で故意に特定政党「共産党」を取上げてヤユするように表現されるのは一方的な印象も残るので訂正されたい(法律)

(3) シーン28　レントゲン室　医者が虚偽の診断書を書くのは　社会不安をかもす恐れがあ

8—13

るので止めて欲しい（法律）

(4) シーン41・42 大人が立小便するのは悪趣味と考えられる（法律）

(5) シーン52 補修学院「党員」と云う言葉を「悪」と同意語として使用しているように見えるのは改訂されたい 但し「党員」を弁護せよと云うことではない（法律）

のれん	松竹

製作 小倉武志
原作 宇野信夫
脚本 椎名利夫
監督 西河克己

しにせの御隠居の老いらくの恋をめぐって描かれる下町人情劇

希望事項なし

「近世名勝負物語」花の講道館	大映

企画 瀬良庄太郎
原作 高桑義生
〃 村松梢風
脚本 八尋不二
監督 森一生

草創期の講道館の若き俊秀をめぐる恋と制覇のロマンス

希望事項なし

にっぽんＧメン 七番街襲撃	東映

企画 マキノ光雄
〃 三上訓利
原案 西條照太郎
脚本 金城三平
監督 伊賀山正徳

國際密輸団に潜入した特別捜査班員の活躍を描く

麻薬名は演出上に於ても　これを明示することをしないよう希望　その他特記すべき希望事項なし（法律）

とんちんかん 怪盗火の玉小僧	宝塚映画

脚本 八住利雄
監督 斉藤寅次郎

ℓ—15

横暴な悪旗本を懲す怪盗をめぐる捕物喜劇

希望事項なし

「西鶴諸国噺」より 姫君と浪人（「浪人と姫君」の改題）	新東宝

製作 野坂和馬
脚本 三村伸太郎
監督 志村敏夫

大名の姫君と友人の恋を応援するうらぶれた浪人群の情誼を描く

希望事項なし

お役者小僧	松竹

製作 高木貢一
原作 子母沢寛
脚本 八尋不二
。若尾徳平
監督 冬島泰三

怪盗と呼ばれつゝ別れた母を捜す兄と人気役者の弟をめぐる恋と正邪の葛藤を描く

希望事項なし

8—16

審査集計

	規程条項	関係脚本題名及希望個所数		集計
1	国家及社会	「夕刊小僧」	1	17
		「赤穂浪士」	7	
		「安五郎出世」	2	
		「混血児」	6	
		「プーサン」	1	
2	法律	「赤穂浪士」	5	12
		「乙女の診察室」	1	
		「プーサン」	5	
		「七番街襲撃」	1	

8—17

3	宗教	希望事項なし	0	0
4	教習	「混血児」	1	4
		「乙女の診察室」	3	
5	風俗	「乙女の診察室」	4	4
6	性	「乙女の診察室」	4	4
7	残酷醜汚	「混血児」	1	1

ℓ—18

○希望事項総数……42

審査映画一覧

○ 劇映画

審査番号	題名	会社名	巻数	呎数	製作	企画	原作	脚本	監督	主演
九三一	花吹く風	松竹	九	七、二〇〇	杉山茂樹		北條誠	八住利雄	川島雄三	大木実 紙京子
九一七	夢見る人々	〃	十	八、六二〇	山口松三郎		吉屋信子	野田高梧	中村登	若原雅夫 高峰三枝子
八九〇	やっさもっさ	〃	十一	九、四七五	山本武		獅子文六	斎藤良輔	渋谷実	淡島千景 小沢栄
九一八	江戸っ子判官	東宝	九	七、二六一	清川峰輔			三村伸太郎 高木恒穂	中川信夫	大谷友右衛門 岡田茉莉子
九二〇	午前零時	〃	十	八、〇五六	本木荘二郎		井上友一郎	菊島隆三	渡辺邦男	小林桂樹 久慈あさみ
九三〇	総理大臣の恋文	〃	九	七、五九八	山本紫朗		館直志	八住利雄	斎藤寅次郎	伴淳三郎 三益愛子

e－19

九二五	ひまわり娘	東宝	九	七、八〇八	藤本真澄		源氏鶏太	長谷川公之	千葉泰樹	三船敏郎 有馬稲子
九一五	浅間の鴉	大映	九	八、〇三〇			長谷川伸	衣笠貞之助	田坂勝彦	長谷川一夫 山根寿子
九一四	決斗五分前	〃	十一	七、五九八		辻久一		依田義賢 若尾徳平	安達伸生	菅原謙二 木村三津子
九二九	現代処女	〃	十	八、五七〇		米田治	東都伸夫	須崎勝弥 赤坂長義	佐伯幸三	三田隆 杉葉子
九一三	絵本 猿飛佐助	太子映業プロ 新東宝	八	七、八〇〇	高田四一		林芙美子	井手雅人	森一生	水島道太郎 喜多川千鶴
九〇九	名月赤城山	新東宝	九	七、五七二	高木次郎			三村伸太郎	冬島泰三	岩井半四郎 野上千鶴子
九四〇	色ごよみ 権九郎旅日記	〃	八	七、七五五	野坂和馬 柴田万三		田岡典夫	城三平	志村敏夫	森繁久弥 伴淳三郎
九一二	煙突の見える場所	新東宝 スタジオ8プロ	十二	九、六九五			椎名麟三	小国英雄	五所平之助	上原謙 田中絹代
八九六	加賀騒動	東映	九	八、五五二		柳川武夫 栄田清一郎	村上元三	橋本忍	佐伯清	大友柳太朗 山田五十鈴

8—20

九四三	鞍馬天狗 疾風雲母坂	〃	九	七、二〇〇		大森康正 竹中美弘	大佛次郎	小川正 丸根賛太郎	萩原遼	嵐寛寿郎 宮城千賀子
八三〇	人生劇場 第二部	〃	一二	一〇、〇三三	大川博	星野和平 岩井金男	尾崎士郎	八木保太郎 棚田吾郎	佐分利信	片岡千恵蔵 島崎雪子
九〇二	韋駄天記者	〃	一〇	八、五〇二		小川正 加藤邁	戸川幸夫	八住利雄	田中重雄	沼田曜一 香川京子
八八八	村八分	近代映協 現代プロ	一〇	八、四〇〇	山田典吾 絲屋寿雄	山田典吾		新藤兼人	今泉善珠	山村聰 中原早苗
九〇六	悲劒乙女桜	宝塚映画	八	六、五九〇				中川博之 入来一二	野淵昶	杉山昌三九 浅茅しのぶ
九三九	恋人のいる街	東京映画	八	六、九一一	加藤謙	新宿ペンクラブ		中江良夫 松浦健郎	阿部豊	三国連太郎 旭輝子

○ 予告篇

九一七一T	松竹製作ニュース 第一〇六号	松竹			夢見る人々

ι—1

八九〇―T―二	やっさもっさ	松竹			特報
八九〇―T―二	松竹製作ニュース第一〇七号	〃			やっさもっさ
九四六―T	〃第一〇八号	〃			斗魂
九二〇―T	午前零時	東宝			
九三〇―T	総理大臣の恋文	〃			
九一五―T	大映ニュース第二四〇号	大映			浅間の鴉
九二五―T	ひまわり娘	東宝			（附）生きる 受賞トレーラー
九一四―T	大映ニュース第二四四号	大映			決斗五分前
S―一三八―T	〃第二四五号	〃			劒雲三十六騎
S―一三九―T	〃第二四七号	〃			美女剣光録
九二九―T	〃第二四九号	〃			現代處女 雨月物語（特報）
九一三―T	絵本猿飛佐助	太千興業プロ 新東宝			
九〇九―T	名月赤城山	新東宝			

6―2

九四〇－T	色ごよみ 権九郎旅日記	〃		
九一二－T	煙突の見える場所	スタヂオ8プロ 新東宝		
九一二－T二	〃	〃		第二報
九四三－T	鞍馬天狗 疾風雲母坂	東映		
八三〇－T	人生劇場 第二部	〃		
九〇二－T	韋駄天記者	〃		
九一六－T	割愧り富士 前篇	〃		
八三三－T	女ひとり大地を行く	キヌタプロ 日炭労		
八八八－T	村八分	近代映協 現代プロ		
九〇六－T	悲劍乙女桜	宝塚映画		

○併映短篇

三一五八九	三太頑張れ	新理研	九	七、二〇〇	

E-五三九	静岡県政ニュース NO.9	英映画	一	一、〇〇〇	
E-五八一	明日とは云わず	十代田映画	一	八五〇	農村食生活改善映画 農林省企画
E-五八七	沖縄	オリオン興業株式会社	二	一、七四〇	
E-五八八	森の音楽会	芦田漫画プロ	一	一、〇〇〇	コニカラー漫画
E-五九二	激怒	労働映画プロ	三	二、七八五	国鉄労働組合文教部企画
E-五九六	高潮のない大阪	京都映画	二	一、五〇〇	

○スポーツニュース

P-二四六	ムービータイムズ 第二四六号	プレミア			
P-二四七	〃 第二四七号	〃			
P-二四八	〃 第二四八号	〃			
P-二四九	〃 第二四九号	〃			

（注）△印の作品は保留映画のリストに含まれているものでありますが、今回の審査によって保留映画のリストより除外されました

〇 新版

△	S－一三九	美女剣光録（「不知火を抜く女」の改題）	大映	八	五、九八三	製作 清水竜之介 原作 村上元三 脚本 依田義賢 監督 丸根賛太郎	昭和十九年七月 製作
△	S－一四〇	河童大将	大映	七	五、八八〇	製作 山口哲平 脚本 八尋不二 監督 松田定次	昭和十九年八月 製作
△	S－一四一	出世太閤記	日活	一〇	八、七四五	原作 脚本 山上伊太郎 監督 稲垣浩	昭和十三年六月 製作
△	S－一四二	韋駄天五十三次（「韋駄天街道」の改題）	東宝	一〇	七、五八二		昭和十九年一月 製作
△	S－一四四	快男児	東宝			口演 大島白鶴 脚本 監督 山本嘉次郎	昭和二十年八月 製作
△	S－一四五	お馬は七十七万石	大映	八	六、九二五	製作 山口哲平 脚本 稲垣浩 監督 安田公義	昭和十九年二月 製作

	S－一四七	水戸黄門漫遊記続篇 天下の副将軍	東映	一一	八、八九二	企画 藤川公成 〃 佐藤字之助 原作 大佛次郎 脚本 村松道平 監督 渡辺邦男	昭和二十七年二月製作（第一部） 三月製作（第二部）
△	S－一四八	鞍馬天狗 薩摩の密使	日活	一〇	七、六七九	原作 大佛次郎 脚本 来栖重兵衛 監督 菅沼完二	昭和十六年七月製作
△	S－一四九	宮本武蔵 決斗般若坂	大映	九	六、九八七	製作 斎藤寛治 原作 吉川英治 脚本 監督 伊藤大輔	昭和十七年七月製作
△	S－一五〇	宮本武蔵 二刀流開眼	〃	九	八、四一三	製作 斎藤寛治 原作 吉川英治 脚本 監督 伊藤大輔	昭和十八年五月製作
	S－一五一	月下の若武者	東宝			脚本 八木隆一郎 監督 中川信夫	昭和十三年製作
△	S－一五二	新門辰五郎	大映			原作 真山青果 脚本 八尋不二 監督 牛原虚彦	昭和十六年製作
	A－四二二	女房なんか恐くない（「浮世は天国」の改題）	東宝	七	五、五一〇	製作 野口久光 原案 秋好馨 脚本 瀬村久 監督 斎藤寅次郎	昭和二十二年九月製作

C－6

映画審査概要

○色ごよみ 権九郎旅日記　新東宝

風俗上の点で　蒲団が敷いてあるシーン削除希望し実行された（五呎）

○韋駄天記者　東映

ストリップショウのシーン一部削除希望し実行された（三五呎）

○沖縄　オリオン興行株式会社

東京発声がかつて戦前製作せる実写映画であるが　戦前の社会　風俗の描写である故に数ヶ所に亘って現在の沖縄の人々に見せて必しも好ましくない影響のあるカットを除いて貰うことにした　この映画は現在このプリント一本しかなく　これは輸出の上　沖縄

c－7

に於いて民政局方面に收められる趣を附言された　右の如き削除箇所は日本の国旗がある為に　戦前の日本の印象を過度に与える心配がある為である

(1)　一巻目冒頭に「この映画は昭和十二年に製作された過去の沖縄の風俗の記録である」
　　という タイトルを挿入した

(2)　那覇港に於ける移民送別風景

(3)　那覇市に装飾されたアーチの個所

(4)　巻末の「海の主命線」の科白個所

（五九呎）

なお　参考のため附記すれば　沖縄においては　この正月元旦　一時日本国旗の掲揚が容認されたが　すぐまた禁止になった旨　池島信平氏の沖縄紀行文（「文芸春秋」一月号）にのべられている　これは　審査右判明したことで　提出者側は　許可された事実のみをわれ〳〵に示されたのであった

○　激　怒　　　　労協映画プロダクション

小犬の墓が米軍の演習場内に残されているのを　子供がくぐって入ってゆく描写の前のカットに　母親の台詞「ポチの墓でしよう」と云うのがあり　大人が違法を承知している形では困るので削除希望した　子供は何も知らない形（無心で）で入っていったことにする

尚　この映画は労組の特定観客を対象として認めたものであって　一般となればまた問題は別に考えなおさなければならないであろう

○美女劍光録　　大映

（旧題名「小太刀を使ふ女」）

武士的な精神と態度との美化余りに過度なところを台詞八個所　及び最后の軍歌は一部削除希望し実行された　（九三呎）

○河童大将　　大映

戦時中の好戦的な台詞を思わすものを一個所削除希望し実行された

c—9

○出世太閤記　日活

「忠義し」と云う台詞二個所削除希望し実行された

○お馬は七十七万石　大映

国民感情に関する点で台詞六個所　シーン一個所削除希望し実行された

○鞍馬天狗薩摩の密使　日活

国民感情の点で九個所削除希望し実行された　（一、一六二呎）

宣伝広告審査概要

○該当事項なし

C—10

各社封切一覧

封切月日	審査番号	題名	製作会社	備考
○松竹				
二月五日	九二七	関白マダム	松竹	
	八八九	妻の青春	〃	
二月十二日	九三一	花吹く風	〃	
	九二三	大学の龍虎	〃	
二月十八日	九一七	夢見る人々	〃	
二月二十五日	八九〇	やっさもっさ	〃	
○東宝				
二月五日	九一八	江戸ッ子判官	東宝	
	S-一三六	伊那節仁義	〃	「伊那の勘太郎」改修版

c—11

二月十二日	九二〇	午前零時	東宝	
二月十二日	A－四二二	エンタツアチャコの女房なんか恐くない	〃	「浮世も天国」改修版
二月十九日	九三九	恋人のいる街	東京映画	
二月十九日	S－一八四	珍説國定忠治	東宝	新版「初笑い國定忠治」の改題
二月二十五日	九三〇	総理大臣の恋文	〃	
二月二十五日	八四二	天狗の源内	宝塚映画	
○大映				
二月五日	九一九	十代の性典	大映	
二月十二日	九一五	浅間の鴉	〃	
二月十九日	九〇四	妖精は花の匂いがする	〃	
二月二十六日	九一四	決闘五分前	〃	
二月二十六日	S－一三八	剣雲三十六騎	〃	
○新東宝				

二月五日	八七二	嫁ぐ今宵に	新東宝 新映	
	A－五〇一	平次八百八町	新東宝	新版
二月十二日	九〇九	名月赤城山	〃	
	E－五八九	三太頑張れ	伊勢プロ	
二月十九日	九一三	絵本猿飛佐助	太十興業プロ	
	S－九三	清水港代参夢道中	日活	「続清水港」改題（新版）
二月二十六日	九四〇	色ごよみ権九郎旅日記	新東宝	

○東映

二月五日	九二六	母子鶴	東映	
二月十二日	九四三	鞍馬天狗 疾風雲母坂	〃	
二月十九日	八九六	加賀騒動	〃	
二月十九日	八三〇	人生劇場 第二部	東映	ロードショウ
二月十九日	八三三	女ひとり大地を行く	日炭労 キヌタプロ	

映画倫理規程審査記録第四十四号

昭和二十八年三月五日発行

発行責任者　池田義信

東京都中央区築地三ノ六
日本映画連合会
映画倫理規程管理部
電話築地(55)二八〇二
〇六九六番

C―14

映画倫理規程審査記録

第45号

45

映画倫理規程

審査記録

28.3.1～28.3.31

映画倫理規程管理委員会

目次

管理部記事

○三月十三日の管理委員会に於て　左記の件が確認されました。

一、映画の製作　企画等に関して　法律的その他の紛争が存在する場合　映倫審査の進行は何等これに関係なく提出された脚本　映画について純粋に倫理規程の條項に拠ってその内容の審査が行われる

○松竹映画「乙女の診察室」の宣伝広告に関し　一部に過度に刺戟的な字句が使用されているため　この点同社の注意を喚起致しました

右は三月二十七日の管理委員会の決定によるものであります

0―1

審査脚本一覧

社名	題名	受付日	審査終了日	備考
新理研	恋妻きゅっと節	二、二四	三、二	
松竹	愛慾の裁き	二、二六	三、四	「新しき日」の改題
〃	青春デパート	二、二七	三、四	
東映	新書太閤記 第一部	三、二	三、四	
東宝	妻	三、四	三、六	
大映	獅子の座	三、五	三、七	
〃	チャタレイ夫人は日本にもいた	三、六	三、七	
東宝	青色革命	三、六	三、一〇	
宝塚映画	旅はそよ風 おりやんこ女やほろにが道中	三、六	三、一一	
松竹	日本の悲劇	三、七	三、一一	

a－2

松竹	女だけの心	三、七	三、一一	
大映	地獄太鼓	三、九	三、一一	「水戸黄門漫遊記 地獄太鼓」の改題
〃	悲恋椿	三、九	三、一一	
松竹	新東京行進曲	三、一一	三、一三	
東宝	花の中の娘たち	三、一一	三、一三	
新東宝 協和プロ	銀二郎の片腕	三、一一	三、一三	
東映	悲劇の将軍 山下奉文	三、四		
大映	慾望	三、一〇		
〃	母波	三、一二	三、一六	
中日映画	愛と死	三、一四	三、一七	
東映	アチャコ エンタツ ちゃんばら手帖	三、一六	三、一七	「人斬り手帖」の改題
東宝	七人の侍	三、一六	三、一七	
東映	子は誰のもの	三、一六	三、一七	

a—3

東映	女難街道	三、一七	三、一八	
新東宝 杉原プロ	アジャパー天国	三、一七	三、一八	
新東宝	憲兵	三、一八	三、一九	
重宗プロ	神風特攻隊の記録 雲ながるる果てに	三、一八	三、二〇	
東映	大菩薩峠 甲源一刀流	三、二〇	三、二三	
新東宝 綜芸プロ	近藤勇 池田屋騒動	三、二〇	三、二四	池田屋騒動の改題
松竹	聖歌隊の乙女	三、一九	三、二五	
〃	「霧の高原」より 景子と雪江	三、一八		
〃	真珠母	三、二三	三、二五	
東宝	母と娘	三、二四	三、二七	
東映	むぎめし学園	三、二五	三、二七	
新東宝	もぐら横丁	三、二七	三、三〇	
東京映画	続浮雲日記	三、二八	三、三〇	

◎新作品……………………三六

シナリオ数……………三六

内訳＝松竹　八　東宝　五　大映　六

新東宝　五　東映　七　新理研　一

宝塚映画　一　中日映画　一　東宝プロ　一

東京映画　一

脚本審査概要

恐妻きゅっと節	新理研

製作　高見貞衛
企画　斉藤昇
原作　中山正男
脚本　笠原良三
監督　毛利正樹

恐妻病流行時代に取材した歌謡曲喜劇

希望事項なし

愛慾の裁き（「新しき日」の改題）	松竹

製作　小出孝
原作　吉屋信子（「赦されたる者」より）
脚本　田中澄江
監督　大庭秀雄

一人の宗教事業家が真実のキリスト信者となる過程をめぐって妻と心清き乙女との心

ル－6

理的葛藤を描く

希望事項なし

青春デパート	松竹

製作　田岡敬一
原作　宮崎博史
脚本　山内久
監督　田畠恒男

デパートに勤めた大学野球の名選手をめぐるラブ・ロマンス

希望事項なし

新書太閤記　第一部	東映

製作　大川博
企画　マキノ光雄
〃　大森康武
〃　佐藤宇之助

原作　吉川英治
脚本　舟橋和郎
〃　棚田吾郎
監督　萩原遼

2—7

希望事項なし

太閤記ー秀吉織田家仕官までの発端篇

妻	東宝

製作　藤本真澄
原作　林芙美子
脚本　井手俊郎（「茶色の目」より）
監督　成瀬巳喜男

中年の夫婦に訪れた心理的動揺の明暗を描く

希望事項なし

獅子の座	大映

企画　亀田耕司
原作　松本たかし
脚本　伊藤大輔
〃　田中澄江
監督　伊藤大輔

a—8

芸道の面目をかけて晴れの舞台に精魂を傾け尽す江戸の能楽師宗生親子の苦心と愛情を描く

希望事項なし

チヤタレイ夫人は日本にもいた	大映

企画　加賀四郎
原作　川口松太郎
脚本　八住利雄
監督　島耕二

男性の資格を失った夫とその妻をめぐる不幸な愛情の葛藤を描く

希望事項なし

青色革命	東宝

製作　藤本真澄
原作　石川達三
脚本　猪俣勝人
監督　市川崑

初老にしてなお気骨ある大学教授の家庭を中心に傍観する若い世代の種々相と時代をつなぐいのちの流れを描く

希望事項なし

旅はそよ風 おりゃんこ文次ほろにが道中
宝塚映画

脚本 稲垣 浩
監督

街道の旅宿にひょうきんな二人組の道中師がまき起す騒動記

(1) シーン67 賭場の描写は直接的でないようにして欲しい （法律）

(2) シーン60 お政が桃さんに云う台詞のうち 「うんと楽しんだ上云々」の女郎に叩きうれと云う件は訂正希望 （社会、性）

尚 同抜あと「三島の女郎」にふれた二ヶ所あり注意を望む （性）

a―10

日本の悲劇	松竹

製作　桑田良太郎
脚本　小出孝
監督　木下恵介

身を落して生活する戦争未亡人とその母を離れて冷たく自らの道をゆく姉弟のゆがめられた愛の悲劇を描く

希望事項　なし

女だけの心	松竹

製作　田岡敬一
脚本　柳井隆雄
監督　田畠恒男

養子の長男と家つき娘の結婚をめぐって平和な家庭に起った愛情の小波瀾

希望事項なし

a—11

地獄太鼓（水戸黄門漫遊記 地獄太鼓の改題）	大映

企画　菅沼完二
原作　井上金太郎
脚本　民門敏雄
監督　荒井良平

閑居を出て幕府の暴政を正す水戸黄門の物語

希望事項なし

悲恋椿	大映

企画　浅井昭三郎
原作　萩原四朗
脚本　若尾徳平
監督　安田公義

新進のレコード歌手と妻子あるラジオ・プロデューサーの悲恋物語

希望事項なし

a—12

新東京行進曲	松竹

製作　小倉武志
原作　入江徳郎
〃　辻本芳雄
〃　戸川幸雄
脚本　柳沢類寿
監督　川島雄三

大東京のさまざまの職場に働く小学校の幼馴染が恋と友情に織りなすメロドラマ

(1) シーン25、81　汚職事件に関し　大物はすぐモミ消されて下ッ端ばかりがいじめられるというような台詞があるが　これはいつも必ず下ッ端ばかりが……と云うような感になっているので　少し改訂をして戴きたい（法律）

(2) シーン51　日華事変から太平洋戦争敗戦に至るまでの実写のインサートは出来るだけ刺戟的なもの（特に国民感情の点で）を避けて戴きたい（国家）

(3) シーン68の発送部の部員達がボクシングの選手権試合に金を賭けるところ　このように公然と賭博が行われている感じでは困るからこの個所は脚本を改訂して欲しい（法律）

希望事項は以上である

花の中の娘たち	東宝

製作　山本嘉次郎
製作補佐　馬場和夫
脚本　山本嘉次郎
〃　西島大
監督　山本嘉次郎

東京近郊の美しい田園に若き日の夢を育くむ姉妹の生活を描く

希望事項なし

銀二郎の片腕
新東宝 協和プロ

製作　佐野宏
原作　里見淳
脚本　八田尚之
監督　青柳信雄

a―14

女牧場主と一牧夫の生活をめぐる霊肉の相剋を描く

(1) 全般的に特に牧夫達の描写は低俗に失する恐れなしとしないので　演出時に於いての善處を要望する（風俗）

(2) 制服勤務時間中に於ける巡査の取扱いも（飲酒）　脚本の線を以て限度としたい（法律）

悲劇の将軍
山下奉文

東映

総指揮　大川　博
製作　マキノ光雄
企画　岡田寿之
脚本　八木保太郎
監督　佐伯　清

将軍山下奉文の生涯を描く

この脚本は第一稿　第二稿　及び当方の希望事項について訂正され且つ自主改訂された第三稿の三通りのものによって　以下の如く審査を了った

(a) この映画化は　脚本の上で十分検討が行われるのは当然であるが　尚作品の内容の上でまた戦争描写の部分が音楽などのついて画面となった時の効果印象などの上で　完全なる結論は尚映画完成をまたねば下し得ない点少くないので　これは製作者側に於いて以上の点を考慮　最后的な結論を描写されたい旨了解を求めた　ここでは　脚本の上で検討しておきたい

(b) この作品の後半は　山下将軍戦争裁判の法廷描写であるが　ここの部分は裁判の結果に対する批判的な観点から描かれていて　反米とまでは云わないにしても　占領軍の総司令官であるマッカーサーの方針に対する抗議的な印象を与えかねないと思われる　しかし　これはこの後半部分が当時の弁護人であるリールの記録によるものであり　かつこ

6−1

れに依る映画化は原著者リールの承認をとったものである由だが　これを考慮しているが
のリールの著書の画面に　更にタイトルとして〈日本裁判の資料は山下裁判の弁護人フラン
ク・リールの記述による〉と云う説明字幕が加えられた　これはリール弁護人の見解と
してのみ　我々は承認し得るものであって　その本国に於いてもかかる見解もあり得る
ことが認められている点に従って　日本人としてこの見解に従って製作されるものと考
えられる　戦争裁判　更にひろく云えば戦争と云う事実の含む解決し得ない矛盾に対し
て日本人としての我々の抱く考え方を批判的に述べたものと　この作品を考える
外国感情を尊重することに於いては　脚本に於いてそれぞれ別に検討したことは云うま
でもないが　作品全体についての以上の如き立場を　我々はこの作品に対してとったも
のである　これが単に英雄讃美や追憶の印象よりも　戦争と云うものによって起る解決
しがたい悲劇的な矛盾を批判の対象としてとりあげたもの〈製作者の意図もまたそのよ
うであるが〉であるからこそ　また好戦的軍国主義的な意図のものとは認めがたい故に
こそ　この映画は〈完全なる審査終了は完成映画まで保留されたるにせよ〉脚本審査を
一応了ったものである　この点誤解のないようにしたい

(c) 以上の点からも宣伝スチール等に細心の注意を払われたい〈国家〉

(d) かかる映画である故に　かなりの実在人物が出るが　どの点までを〈歴史的〉人物とし
て認めるか否かが検討されたが　殊にカー検事はこの作品ではいわばカタキ役の人物と

a−2

なる故　実在を出さないことになった　また　マッカーサー元帥を尋ねる天皇の写真は（シーン126）結局第三稿で自主的な都合で省略された　パーシバル将軍などの描写なども　その点軽視の印象などないよう十分注意されたい（国家及社会）
シーン14の大田参謀の台詞に「寺内総司令官に」とあるのは　作中　寺町と云う仮名になっているし　これは「南方総司令官」に同様この点から訂正して貰う（国家及社会）

(e) ニュース映画より編集された太平洋戦争の部分描写は　その音楽解説等に好戦的印象のないよう注意されたい（国家）
（シーン2諸戦　シーン5ガダルカナル・サイパン失陥　シーン24レーテ海戦　第三稿にてはこの始めの二部分が省略された）

(f) 外国の国民感情を尊重する点から（シーン79　谷川のほとりで米軍の爆撃をうける人々）と云うのはすでに軍民が一群になっていることにして欲しい　非戦斗員爆撃の印象を与えない為である（国家）
マニラ市街の破壊の跡　フイリッピン人に対する描写（シーン143　144など）注意希望（国家）
シーン145リールの台詞の中に「日本軍が行った大部分の虐殺」とあるのは　原語ではただ〈*the murders*〉となっているのだから　日本語の語感として「殺害」に代えて欲しい（国家）

α－3

第三稿ではこの部分省略されたが　またそれに続いて同じリールの台詞の中にある原爆にふれたところの「然し我々はまだこれらの人々を裁判してない」及び　次中の台詞の中「これが裁判の実体でしょう」は止めて貰う　戦争裁判に対する批判の過度のものと思えるからである（国家）（二ケ所）
またシーン149にある「マッカーサー将軍の一片の声明によって」の「一片の」をとって貰う（国家）

(g) シーン59の栗田が読むマニラ部隊からの通信は　その朗読過度に悲壮でないようにしたい（国家）

(h) 第三稿本は　可成りの部分が自主的に省略されてあるが　その為当方の関心を持った部分が可成りそのなくなった部分に含まれているが　それはここに上げない

(i) 尚　全体の印象からの希望であるが　なるほどマニラの破壊　残虐　或いは奉文将軍着任以前の種々の国際法違反の罪状証拠とされるものが　直接リールの云う如く奉文将軍の責任外にあるかも知れないが　しかし映画の全体的印象では　それらの罪状の責任は広く云えば日本人の責任であるべきであるから　その旨を併せてどこかへ挿入して貰いたいことを希望し承認を得た　これは奉文将軍の追慕のみに終始してはいけない日本人の責任の言葉として必要と思われるからである（国家・法律）

ともかく　脚本の面では以上のように処置し　製作者側の承認を得た

8—4

（追記）

この審査終了后　製作者側の都合によってフランク・リール著書に依據することはリールの法廷辯護記録（ワシントン国会図書館所藏　記録写真版）によることに変更されそれに從って後半部分は幾分変ることになるだろうことを届出られた　それは改めて検討することにした　この依據文書の変更事実には問題はないと思われるがこれは製作者の責任に於いてその法的手順を確認しておいて欲しいと思う

（追記第二）

さらに　製作者側においては自主的に大量の省略をされ　且つ以上にふれたリール辯護人提供の資料によることも中止されることになった旨申出があった　それについての検討の結果はなお次号にて記しておきたいと思う　念のため附記する

と－5

慾望	大映

脚本　新藤兼人

監督　吉村公三郎

戦后の社会風俗を背景に若い戦争未亡人の生き方を描く

これはさきに東宝より提出された「ある晴れた朝」が大映から改題提出されたものである が（東宝よりは正式取下げの通知あり） その時すでに審査を終ったもので その時の希望事項はすべて訂正されてある その点訂正個所になお演出上注意されれば幸いである

母波	大映

企画 米田治
原作 川口松太郎
脚本 田辺朝治
監督 小石栄一

子のためには手段を選ばぬ無智な母と それを厭いつゝも肉親の愛に泣く娘の物語

希望事項なし

愛と死	中日映画

製作 徳光寿雄
原案 中井義一
〃 新井幸彦
脚本 植草圭之助
〃 古川良範
〃 井手雅人
監督 鈴木英夫

a—6

ささやかな愛と幸福を求めて生活に行詰まり　遂に死に当る罪を犯す善意の男の物語

希望事項なし

ちゃんばら手帖《アチヤコエンタツ》（「人斬り手帖」の改題）
東映

企画　高村将嗣
原作　長谷川伸
脚本　比佐芳武
監督　阿野寿一

親方に破門されて坊主になった乱暴者の職人が悪を発して善根を積む物語

希望事項なし

七人の侍
東宝

製作　本木荘二郎
脚本　黒沢明
〃　橋本忍
〃　小国英雄
監督　黒沢明

e―7

暴利と飢餓に耐えて生き抜く農民の集団とそれを護って野武士の集団と戦った七人の侍たちの交歩を描く物語

希望事項なし

子は誰のもの	東映

企画　金平軍之助
原作　竹田敏彦
脚本　館岡謙之助
監督　伊賀山正徳

継母の無情に泣く子と芸妓となった実母とその妹の教員をめぐる母性愛浪曲物

師表たるにふさわしからぬ教師が出て来るが　浪曲映画であり　表現が一般的にドギツイものなので　教育軽視の懸は案外に少ないものかも知れないと考える

2-8

女難街道	東映

企画　大森康成
〃　佐藤宇之助
脚本　小川正
監督　渡辺邦男

正義を愛する旅烏が描く女難の喜活劇

希望事項なし

アジヤパー天國	新東宝 杉原プロ

製作　杉原貞雄
原作　サトウ・ハチロー
脚本　八住利雄
監督　斉藤寅次郎

貧乏アパートの人々の生活に反映する世相の数々を織り込んだ人情喜劇

希望事項なし

憲兵	新東宝

製作　光井英士
原作　宮崎清隆
脚本　井手俊郎
監督　野村浩将

大陸に於ける日本憲兵の活動に絡まるその人間的感情の一面を綴る物語

(1) シーン15　拷問のシーンは過度に残酷な感じにならぬよう演出注意が願いたい（残酷）

(2) シーン17　小島を銃殺する場面　これも過度に残酷な感じを出来るだけ避けて欲しい（残酷）

(3) シーン23・24　中国人が射殺されるシーンがあるが　これは国民感情を刺戟しない為に射殺されたと判る程度のことにして戴きたい（国家）

(4) シーン99　一人の軍医が防空壕に逃げ込もうとする婦女子に対し「貴様等の入る所じゃない！」と云い　その中の女の子を連れている母親を一刀のもとに斬り捨てると云うのであるが　余りに残酷であり　また国民感情を刺戟するおそれも十分にあると思う　改訂して貰いたい（残酷・国家）

希望事項は以上である

6―10

近藤勇 池田屋騒動
（「池田屋騒動」の改題）

新東宝
綜芸プロ

製作　竹中美弘
脚本　井手俊郎
監督　池田菁穂

維新の京洛に展開する新撰組と志士たちの激斗を描く

希望事項なし

神風特攻隊の記録
雲ながるる果てに

重宗プロ

製作　重宗和伸
〃　伊藤武郎
〃　若山一夫
脚本　八木保太郎
〃　家城巳代治
〃　直居欽也
監督　家城巳代治

青春の生命を空しく大空の果てに消した学徒特攻隊員の姿を描く

(1) シーン4　隊員の一人秋田が〈立小便の恰好をしかける〉と云うのは　その前で止めるよう演出で注意して欲しい（醜汚）

4—11

(2) シーン13　同じ松井の台詞のうち「毛唐の女」とあるのは訂正を望む（国家）

(3) シーン25　その同じ松井が　峯島にかじりついて寝ている件　それに続く峯島の台詞「〆での続きのつもりでやがら」は　猥褻にならぬよう訂正　演出も注意して欲しい（性）

(4) シーン74の片田の台詞のうち「女のケツばかり追っかけやがって突き込む場所が違うぞ」は「女のあと」位に訂正して欲しい（性）

(5) シーン86　野天風呂に於ける隊員たちの裸体は　全裸を見せないよう演出注意のこと（風俗）

(6) 伴奏に軍歌を使う時は　好戦的でないように批判的に扱って欲しい（国家）

大菩薩峠　甲源一刀流	東映

製作　大川博
企画　マキノ光雄
〃　玉木潤一郎
〃　坪井与
原作　中里介山
脚本　高岩肇
監督　渡辺邦男

剣士机竜之助の流転の姿を中心に交錯する人生の諸相を描く

この脚本の提出される以前に　第一稿の脚本が内審として出され　まずそれによって当方

の意向を容え　それに従って改訂されたものがこの脚本である　よってこの脚本に関する限りさして問題はないと思われる　しかし　尚一部演出に注意し（冒頭の巡礼を斬る件など）この竜之助と云う人物の肯定　美化にならぬようにされたいことを申し入れた（残酷）もともとこの竜之助の悪魔主義的なニヒリズムの行動に対して　それを批判的に描いて貰わぬ限り　これは認めがたいかと心配されるが　この人物を出さぬ限りこの作品と云うものが成立たないのであるから　全体に亙ってこの人物に対し種々な方向から批判を与えて欲しいと思われる　第一稿はそれに従って　文弾正を　門弟　仲間与八　或いは巡礼の娘お松などの行動や台詞をかりて　かかる人物の存在によって起る悲劇への批判を現わして貰うことにしたのである（社会）
ただ余りに外からの批判を強くすると却ってその反動として竜之助の行動がきわだち美化される心配があるので（画面の上で）　その点完成映画の上でもなお十分に検討したいと思われる

8—13

聖歌隊の乙女 誕生日への招待	松竹

製作　大町龍夫
脚本　大町龍夫
構成　米山正夫
監督　斉藤宗一

美空ひばりのスヰング・ジヤズを中心に構成した豆喜劇

希望事項なし

「愛の高原」より 景子と雪江	松竹

製作 市川哲夫
原作 貴司山治
脚本 荻山輝男
　　 峯路嘉郎
脚本 荻山輝男

信念に生きる少壮科学者をめぐる恋愛メロドラマ

希望事項なし

真珠母	松竹

製作 山口松三郎
原作 林芙美子
脚本 橋田寿賀子
監督 堀内真直

幼な児を抱えて遂に生活の道に仆れる戦争未亡人の悲劇

(1) シーン18 夜の女春代を呼出しに来る外国兵が出るが 特にこのような映画に於いては
この件はやめて欲しい（国家）

(2) シーン116 それを同様な意味で〈男〉が雪子と「いくら」と具体的な交渉する件は せ

6-14

めて男の台詞が直接的でなく「あそびにゆかない?」と云った間接表現にして欲しい(性)

(3) シーン66 おじの古風な台詞はこのままで好いが それを聞く芳則や夏子の若い世代は当然それに対する批判があるべきであり 且つあって欲しいものと思われる この点訂正を望みたい(社会)

(4) シーン128 雪子が我が子景子の頬をピシャリと打つとあるのは 他に何か演出上代えて欲しい(残酷)

母と娘	東宝

製作 田中友幸
原作 源氏鶏太(「後妻の話」より)
脚本 井手俊郎
監督 丸山誠治

大工の棟梁の後妻とその家族をめぐる明るい下町人情物

希望事項なし

むぎめし学園	東映

企画 金平軍之助
原作 鶴岡正男
脚本 館岡謙之助
監督 森永健次郎

戦災孤児を収容する藤沢の「唐池学園」の生活を描く

希望事項なし

もぐら横町	新東宝

製作 栄田弓三
原作 尾崎一雄
脚本 吉村公三郎
監督 清水宏

新進作家の貧乏生活に温かく流れる夫婦の愛情を描く

希望事項なし

続浮雲日記	東京映画

製作 加藤濃
原作 富田常雄
脚本 鏡二郎
監督 並木鏡太郎

明治中期の風雲の中に志ある青年が描く恋と友情のロマンス

希望事項なし

審査集計

規程條項	関係脚本題名及希望個所数		集計
1 国家及社会	「旅はそよ風」	1	21
	「新東京行進曲」	1	
	「山下奉文」	12	
	「憲兵」	2	
	「雲ながるる果てに」	2	
	「大菩薩峠」（甲源一刀流）	1	
	「真珠母」	2	
2 法律	「旅はそよ風」	1	5
	「新東京行進曲」	2	
	「銀二郎の片腕」	1	

i—1

番号	項目	作品	件数	計
		「山下奉文」	1	
3	宗教	希望事項なし		0
4	教育	希望事項なし		0
5	風俗	「銀二郎の片腕」	1	2
		「雲ながるる果てに」	1	
6	性	「旅はそよ風」	2	5
		「雲ながるる果てに」	2	
		「真珠母」	1	
7	残酷醜汚	「憲兵」	3	6
		「雲ながるる果てに」	1	
		「大菩薩峠」（甲源一刀流）	1	

6—2

「真珠母」 1

○希望事項総数 ……… 三九

審査映画一覧

○劇映画

審査番号	題名	会社名	巻数	呎数	製作	企画	原作	脚本	演出	主演
九四六	闘魂	松竹	一一	八、六六九	市川哲夫		甲斐京彦	沢村勉	大曽根辰夫	鶴田浩二 月丘夢路
九四一	おもかげの歌	〃	五	三、九〇八	大町竜夫			小林桂三郎	穂積利昌	大坂志郎 野添ひとみ
九三八	初恋おぼこ娘	〃	五	三、九七五	桑田良太郎			光畑碩郎	小林桂三郎	若杉英二 橋本美佐江

九三四	女性の声	松竹	一〇	八、〇三八	山口松三郎		小糸のぶ	中山隆三	堀内真直	佐田啓二 水原真知子
九五〇	火男如	〃	一〇	八、三四七	小倉武志		佐々木邦	椎名利夫	野村芳太郎	高橋貞二 桂木洋子
八四二	疾風からす隊	〃	一〇	八、七二二	小倉浩一郎		村上元三	柳川真一 森田竜男	内出好吉	高田浩吉 岸恵子
九三七	姉妹	〃	一〇	八、九三六	山口松三郎			梅田寿賀子	[illegible]	津島恵子 美空ひばり
九七七	女だけの心	〃	五	三、九九一	田岡敬一			柳井隆雄	田畠恒男	若杉英二 千明みつる
九五九	乙女の診察室	〃	一二	八、八五〇	石田清吉		松平京子	沢村勉	佐々木啓祐	岸恵子 紙京子
九六一	嫁の立場	〃	五	三、九五八	小倉武志		宇野信夫	椎名利夫	西河克己	坂本武 磯野道子
九五一	抱擁	東宝	一〇	七、七九八	田中友幸			西亀元貞 梅田晴夫	マキノ雅弘	三船敏郎 山口淑子
九四九	トコ春じゃもの	大映	八	五、八〇六				八住利雄	仲木繁夫	船越英二 長谷川裕見子

—4

九三二	雨月物語	〃	一〇	八、九二五		辻 久一		川口松太郎 依田義賢	溝口健二	森 雅之 京マチ子
九五六	怒れ三平	〃	一〇	八、〇四八		米田 浩	今 日出海	松崎 啓	久松 静児	菅原謙二 三條美紀
九五二	アチャコ青春手帖第三話 まごころ先生の巻	新東宝 吉本	一〇	七、九八二	杉原貞雄		長沖 一	八住 利雄	松林 宗恵	アチャコ 若山セツ子
九四五	愛の砂丘	新東宝 新映	九	八、四五〇	石川 克一	大塚 和 多賀祥介		木下 恵介	青柳 信雄	滝沢 修 田村秋子
九五七	右門捕物帖 からくり街道	新東宝 綜芸プロ	九	七、八二一	竹中美弘		佐々木味津三	鏡 二郎	並木鏡太郎	嵐寛寿郎 相馬千恵子
九六五	「西鶴諸国噺」より 姫君と浪人	新東宝	八	七、三八一	野坂和馬			三村伸太郎	志村敏夫	堀 雄二 春川京子
九一六	朝焼け富士 前篇	東映	九	七、五七〇		坪内 与	山手樹一郎	八住 利雄	松田 定次	市川右太衛門 喜多川千鶴
九三五	朝焼け富士 後篇	〃	一〇	七、八四〇		〃	〃	〃	〃	〃
九六二	七番街襲撃	〃	九	八、一〇八		マキノ光雄 三上訓利		金城 三平	伊賀山正徳	宇佐見淳 島崎雪子

九三六	女間者秘聞 赤穂浪士	東映	一二 / 一一、五二九	マキノ光雄 玉木潤一郎	山上伊太郎 桂有 山戸		八尋不二	佐々木康	片岡千恵蔵 木暮実千代
七二二	山脈の女	ニューウンドゴ 新日本映画(株)	八	藤野光義 原千秋	平野博		高橋幸人 原千秋	原千秋	
九四七	逃亡地帯	東京映画	一〇 / 八、〇八二	加藤譲	本木荘二郎		松浦健郎 杉江敏男	杉江敏男	三國連太郎 久慈あさみ
九六四	トンチンカン 怪盗火の玉小僧	宝塚映画	八 / 七、二七七				八住利雄	斎藤寅次郎	伴淳三郎 高峯しのぶ

○予告篇

九三四－T	松竹製作ニュース第一〇九号	松竹		女性の声
九五〇－T	〃 第一一〇号	〃		次男坊
九三七－T	〃 第一一三号	〃		姉妹
九五一－T	抱擁	東宝		
九五八－T	夜の終り	〃		

C－6

S-一四五-T	大映ニュース第二四六号	大映		お馬は七十七万石
九三二-T	〃 第二四八号	〃		雨月物語
九四九-T	〃 第二五〇号	〃		トコ春じゃもの 雨月物語（特報）
S-一五〇-T	〃 第二五一号	〃		金剛院の決斗
九五六-T	〃 第二五二号	〃		怒れ三平
九七八-T	〃 第二五三号	〃		地獄太鼓
S-一四九-T	〃 第二五四号	〃		決斗般若坂
九五二-T	アチャコ青春手帖第三話 まごころ先生の巻	新東宝 吉本		
九七五-T	右門捕物帖 からくり街道	新東宝 綜芸プロ		
九五四-T	愛の砂丘	新東宝 新映		
九六五-T	姫君と浪人	新東宝		
九三五-T	朝焼け富士 右幕	東映		
九六二-T	七番街襲撃	〃		

C-7

九〇六一T	女間者秘聞 赤穂浪士	東映		
九二八一T	蛇と鳩	〃		
九四七一T	逃亡地帯	東京映画		
九六四一T	トンチンカン 怪盗火の玉小僧	宝塚映画		
八九四一T	縮図	近代映画協会		

○併映短篇

E－五四九	結婚の論理	三和映画社	三	二〇九九	
E－五九七	百万人の女性に贈る デザイナー・ドレス	白薔薇プロ	一	三五〇	
E－五九八	ムービー・アド ある晴れた朝	電通	一	五〇〇	ラビットの宣伝
E－六一〇	天の川	〃	一	五〇〇	
E－五九九	七転八起	新大都映画			
E－六二八	剣劇女優とストリッパー	〃			

E－六〇〇	[illegible]の計画産児	新光映画			参議院厚生委員会 企画
E－六〇一	九州の復興	新理研	二	二〇〇	
E－六〇三	貨物船の話	〃	四	三、二〇〇	大阪商船株式会社 企画
E－六〇四	皇太子殿下ナショナル・ラジオ工場御見学	〃	一	七〇〇	
E－六〇五	皇太子殿下 鐘紡淀川工場御見学	〃	一	七〇〇	
E－六〇六	"スラダング"より 密林の戦慄	アサヒ映画社	三	三、二〇〇	
E－六一一	神奈川県ニュース No 51	神奈川ニュース映画協会			
E－六一五	保安隊は行進する	新理研	一	七五八	保安庁第一幕僚部 企画
E－六一二	朝鮮に於ける 大水力発電開発の記録	日本工営(株)			
E－六二一	東映中部支社ニュース	東映			
E－六二二	昭和二十八年大阪春場所大相撲 栃錦優勝す	大日本相撲協会 映画部	二	一、五〇〇	

[illegible]—9

○スポーツ・ニュース

P-二五〇	ムービー・タイムズ 第二五〇号	プレミア	
P-二五一	〃 第二五一号	〃	
P-二五二	〃 第二五二号	〃	
P-二五三	〃 第二五三号	〃	

○新版

△ S-一五三	新篇 水戸黄門廻国記	日活	一〇	七、四一七	脚本 滝川紅葉 監督 池田富保	昭和十三年製作
△ S-一五五	暁の鼓笛隊（紅顔鼓笛隊の改題）	大映			製作 清水竜之介 企画 杉山英夫 脚本 波多謙治 監督 木村恵吾	昭和二十年三月製作
△ S-一五六	赤垣源蔵	日活	九	六、七七九	原作 脚本 滝川紅葉 監督 池田富保	昭和十三年十一月製作

△S－一五七	虚無僧系図	大映			原作 吉川英治 脚本 八尋不二 監督 押本七之輔	昭和十八年一月製作
S－一五八	東海美女伝	東宝			原案 村松梢風 脚本 白浜四郎 監督 石田民三	昭和十二年製作

（注）△印の作品は保留映画のリストに含まれていたものでありますが　今回の審査によって保留映画のリストより除外されました

映画審査概要

○初恋おぼこ娘　松竹

篇中　国鉄気車中に於ける切符亡失に際しての取扱いが　聊か事実と相違する点があったが　これは製作者側の責任に於いて国鉄側の諒解を事前に求める事にした

○女性の声　松竹

予告篇に於て切除を希望した父親が娘を殴打する描写は　本篇にも現れてくるがこれは本篇の性質上　前後関係から予告篇に於ける様な非人道感の削除に価する程のものは認められないので　今后共かゝる描写に際しては従前通り　慎重な態度を以てせられたいことを希望するのみにとゞめた

○乙女の診察室　松竹

十巻目 学校の衛生室に 検診台がある描写（一カット）を除いて貰った （七呎）
これはあること自体が問題ではなく その前后に当る反人权的な印象を与える心配が生じるからである

○ 女間者秘聞
赤穂浪士　東映

女間者に出来るだけ重点をおいた感じにして欲しいので この映画の終り近く 乙女間者のアップ挿入を希望し 実行された

○ 女性の声（予告篇）　松竹

父親が娘の頬をなぐるところ削除希望し実行された （三呎）

○ 女間者秘聞
赤穂浪士（予告篇）　東映

し—13

討入りを讃美するタイトル一ケ所　アナウンス一部削除を希望し実行された　（ハ十二呎）

○結婚の倫理　三和映画社

つれこみ宿の場で女の膝が乱れて見えるところ一呎削除希望し実行された

○剣劇女優とストリッパー　新大都映画

ストリップ場面一部削除希望し実行された

○新篇　水戸黄門廻国記　日活

封建制讃美にふれる箇所　三ケ所削除して貰った
（殊に最后のエピソード十巻後半　十一巻十二巻全部など）も　捕丈に関するもの削除して

貰った）

○暁の鼓笛隊　大映

勤皇精神に関し過度と感じられる台詞を四ケ所　軍歌を一ケ所削除希望し実行された

○赤垣源蔵　日活

仇討讃美に関する点で二ケ所台詞削除希望し実行された　（三六呎）

i−15

宣伝広告審査概要

○該当事項なし

但　松竹映画「乙女の診察室」に関し　管理部記事　参照

C−16

各社封切一覧

封切月日	審査番号	題名	製作会社	備考
○松竹				
三月五日	九四六	鬪魂	松竹	
三月十二日	九三四	女性の声	〃	
	九四一	おもかげの歌	〃	
三月十九日	九五〇	次男坊	〃	
	九三八	初恋おぼこ娘	〃	
三月二十六日	八四二	疾風からす隊	〃	
○東宝				
三月五日	九〇六	悲剣乙女桜	宝塚映画	
三月十一日	九五一	抱擁	東宝	

三月十九日	九四七	逃亡地帯	東京映画	
	S－一五一	月下の若武者	東宝	（新版）
三月二十六日	九二五	ひまわり娘	〃	
○大映				
三月五日	S－一三九	美女剣光録	大映	「小太刀を使う女」改修版
	八七〇	新婚のろけ節	〃	
三月十二日	九二九	現代処女	〃	
	S－一四五	お馬は七十七万石	〃	（新版）
三月十九日	九四九	トコ春じゃもの	〃	
	S－一五〇	宮本武蔵 金剛院の決闘	〃	「二刀流開眼」改題
三月二十六日	九三二	雨月物語	〃	
○新東宝				
三月五日	九一二	煙突の見える場所	新東宝 スタジオ8プロ	

三月十二日	九五二	アチャコ青春手帖 まごころ先生の巻	新東宝 吉本プロ	
三月十九日	九五七	右門捕物帖 からくり街道	新東宝 綜芸プロ	
三月二十六日	九四五	愛の砂丘	新東宝 新映プロ	
○東映				
三月五日	九〇二	韋駄天記者	東映	
三月十二日	九一六	朝焼け富士 前篇	〃	
三月十七日	九三五	朝焼け富士 后篇	〃	
三月二十五日	九六二	七番街襲撃	〃	
	S―一四七	水戸黄門漫遊記 天下の副将軍	〃	（新版）
○北星				
三月二十一日	八八八	村八分	近代映協 現代プロ	

映画倫理規程審査記録第四十五号

昭和二十八年四月五日 発行

発行責任者 池田義信

東京都中央区築地三ノ六

日本映画連合会

映画倫理規程管理部

電話 築地(55)二八〇二 〇六九六番

映画倫理規程審査記録

第46号

46

映画倫理規程

審査記録

28.4.1～28.4.30

映画倫理規程管理委員会

目次

管理部記事

○東映映画「女間者秘聞赤穂浪士」は　劇中の所謂「忠臣蔵」的内容の取扱い方に関し、これが封建制讃美の印象を与えぬよう　脚本審査中より屢々製作者側と協議　その諒解の下に映画が完成されたのでありますが、たまたま　その新聞に於ける宣伝広告が所期の内容と離反して封建制讃美の印象を与えるもののように思われましたので管理委員会より同社に対しこの間の事情を質問致しました。

これに対し　同社より　倫理規程に基く審査の結果を充分考慮して努力したにも拘らず尚且前記の印象を拂拭し切れなかった点を認めて深く遺憾とし　今後一層の研究協力を期する旨　回答に接しました。

審査脚本一覧

社名	題名	受付日	審査終了日	備考
新東宝 杉原プロ	晴れ姿伊豆の佐太郎	三、三〇	四、一	
松竹	あっぱれ五人男	四、三	四、四	
〃	めぐり逢い 「パンアメリカン機十三時三十分発」より	四、三	四、四	
東映	素浪人奉行	四、三	四、六	
東宝	福澤諭吉	三、三一	四、八	
大映	歌う女剣劇	四、六	四、八	
東宝	次郎長三国志第三部 次郎長と石松	四、七	四、八	
松竹	その妹	四、八	四、九	
大映	関の弥太っぺ	四、八	四、九	「旅姿甲州鴉」の改題
東宝	次郎長三国志第四部 勢揃い清水港	四、八	四、一〇	

新映	あぶない年頃	四 九	四 一〇	
新東宝	戰艦大和	四 八	四 一三	
テレビ映画	母は偽わらず	四 八	四 一四	「嘘」の改題
大映	再會	四 一三	四 一五	
東映	大菩薩峠	四 一五	四 一六	
東映	玄海の鰐	四 一〇	四 一七	
大映	續十代の性典	四 一四	四 一七	
東映	お孃さんワンマン社長	四 一四	四 一七	
松竹	決闘	四 一五	四 一八	「東京の決斗」の改題
東映	續魚河岸の石松	四 一七	四 二〇	
東映	暁の市街戦	四 二〇	四 二一	
新東宝	残波岬の決闘	四 一八	四 二二	
松竹	悪弟賢兄	四 二一	四 二二	

新大都映画	地獄の女たち	四二三	四二五
中田プロ	鉄の花束	四一五	四二七
現代プロ	蟹工船	四二三	四二七
シネ・アート・プロ	白い三叉路	四二八	四三〇

◎新作品……………二七本

シナリオ数……………二七本

内訳＝松竹 五　東宝 三　大映 四

新東宝 三　東映 六　新映 一

テレビ映画 一　新大都映画 一　中田プロ 一

現代プロ 一　シネアートプロ 一

a—4

脚本審査概要

晴れ姿 伊豆の佐太郎	新東宝

製作　杉原貞雄
脚本　三村伸太郎
監督　中川信夫

別れた土地に舞戻った旅烏が描く恋と侠気の活劇物

希望事項なし

あっぱれ五人男	松竹

製作　杉山茂樹
脚本　八住利雄
監督　斉藤寅次郎

「白浪五人男」をもじった時代喜劇

a—5

希望事項なし

めぐり逢い	松竹

製作　久保光三
原作　須藤雅子
脚本　光畑碩郎
監督　池田浩郎

愛するが故に別れた人の純情によって　再び相結ばれる男女の幸わせを描く

希望事項なし

素浪人奉行	東映

企画　西原孝
〃　佐藤宇之助
原作　高木彬光
脚本　鈴木兵吾
監督　佐々木康

奸商と悪役人の非道を暴く遠山金四郎とその一党の探偵活劇

刺青（シーン35　39　42　54）（社会）（四ヶ所）賭博場（シーン84）（法律・社会）及び女湯（シーン136）（風俗）に関しては何れも演出上　従来の識を超えて　これを誇示する事のないように希望した。

福澤諭吉	東宝

脚本　熊谷久虎
〃　西島大
監督　熊谷久虎

慶応義塾創立に至る福沢の前半生を通じてその学問の理想を描く

希望事項なし

歌う女剣劇	大映

脚本　枝川弘
監督　西村元男

ロ－７

旅廻りのレビュー団に絡む人情劇短篇

希望事項なし

次郎長三国志第三部 次郎長と石松	東宝

製作　本木荘二郎
脚本　松浦健郎
〃　小国英雄
監督　マキノ雅弘

森の石松と追分三五郎の道中記を中心とした第三部

(1) バクチの場面（法律、社会）及び仁義（社会、教育）のところは詳細に描写することは避けていただきたい。

(2) バクチの場面でお仲が立膝をするところ及びお仲が入浴するところは風俗上の点で十分に注意して演出していただきたい　（風俗）（二ヶ所）

希望事項は以上である

その妹	松竹

製作 山本武
原作 武者小路実篤
脚本 柳井隆雄
監督 原研吉

失明の兄にすべての愛を捧げて生きる一女性の姿を描く

希望事項なし

関の弥太ッペ（「旅姿甲州鴉」の改題）	大映

企画 高桑義生
原作 長谷川伸
脚本 阿蘇太郎
監督 田坂勝彦

旅鴉関の弥太郎とその手に救われた娘をめぐる人情物語

希望事項なし

a—9

次郎長三国志第四部 勢揃い清水港	東宝

製作　本木荘二郎
原作　村上元三
脚本　小国英雄・松浦健郎
監督　マキノ雅弘

黒駒の勝蔵との対決を中心とする第四部

希望事項なし

あぶない年頃	新映

脚本　浅野辰雄
監督　蛭川伊勢夫

三人の女子医学生の青春行路を描いて性倫理への覚醒を強調するもの

一、同性愛の描写は出来る限り刺戟的な演出を避けていただき度い（性）

二、女性性器解剖図表は風俗上の点を考慮して単なる図表の感じのものにして欲しい（風俗）

三、ヌード写真は刺戟的な全裸の印象を避けていただき度い（風俗）
四 めぐみが裸体写真のモデルになるシーンではめぐみの肉体露出の程度につき演出上十分注意していただき度い　（風俗）
希望事項は以上である
なお全体として性道徳の基準として純潔を強調すると云う製作意図にあくまで重点を置いて演出していただき度いと希望した。

戦艦大和	新東宝

製作　森　三
〃　望月利雄
原作　吉田満
脚本　八住利雄
監督　阿部豊

生存者の体験記録により　大和の最期の艦上に展開される人間性の種々相を描く
全体的には大きな問題はないが部分的に以下の点を注意してもらうことになった
(1) シーン3　大和の海上航進に〈海ゆかば〉のメロディがあることになっているが　メロディに止め　歌詞などは表現しないこと　（国家）

(2) シーン26　前のシーンの終りが双眼鏡をもつ伊藤司令官につゞいて　このシーンが万朶の櫻となると　戦時中の日本海軍讃美の印象を無批判に回想させる心配もあるので　象徴的でなく実景的に演出注意してほしい　（国家）

(3) シーン30（Pb－2）候補生の一人が退艦の命令に対して　抗弁し　さらに〈自分たちは大和と一緒に死にたいのです〉と云うのは　無批判な印象がつよすぎるので　この部分はとってほしい　（国家）

(4) シーン56　大和の海上航進に〈軍艦マーチ〉がつけられるとあるのは　やめてほしい　ここは最初の出港の時とことなり　海戦につゞくところであるからである。あるいはこのメロデイのヴァリエーション（いわゆるこのマーチの直接的印象をよわめるために）ならば〝まだいゝ〟であろう　なおこれらの点は完成映画でも検討の余地をのこしてほしい　（国家）

(5) シーン140（Pd－31）救助艇にしがみつく手首を日本刀できりすてる描写は　残酷感をよわめるような演出と描写をのぞみたい（残酷）ある程度は戦争の悲惨さを表現するために必要であろうからやめてほしいとは云わない。

なお製作者側の都合による改訂本が出る旨申出が伝えられてある

母は偽わらず
（「嘘」の改題）

テレビ映画

企画　今村貞雄
製作　関　孝司
脚本　岡田　豊
監督　佐藤　武

交通事故の責任を負わされた少年をめぐって友人たちが大人の世界の嘘を暴く友情物語

希望事項なし

再会

大映

企画　加賀四郎
原作　久生十蘭
脚本　小国英雄
〃　木村恵吾
監督　木村恵吾

戦中戦后の混乱の中に純愛に結ばれた男女の悲恋を描く物語

a—13

軍楽隊の演奏は・軍国調の過度の誇張にならぬよう 演出注意されたい （国家）

大菩薩峠
東映

製作 大川博
原作 中里介山
企画 マキノ光雄
〃 玉木潤一郎
脚本 坪井与
監督 渡辺邦男

剣士机竜之助の流転の姿を中心に交錯する人生の諸相を描く

さきに取下げられた脚本（高岩肇脚色のもの）に代って ここに提出されたものは・前回の希望注意を参照してかかれたものと推察出来るのであるが このたびは全体的にいって竜之助の悪魔主義的乃至ニヒリズムの行動が前面へ少し出すぎた印象があり 個々の点では（従前の注意にしたがいながら） それぞれ批判 否定の立場に立ちながら 全体から見ると 如上の印象は不思議に消えてはいないの。これは 演出如何によって左右されるものと考えられるので その点を特に注意してもら

うことにした（社会）

竜之助の暗討ちの件すじも前回の注意を踏襲して欲しい。この本ではあらたにS89の与八の仇討否定の描写はとくに批判的に強調してほしいと思う。（法律）

完成映画においてなお最后の決定を出したいと思う。

玄海の鰐	東映

企画　加賀四郎
原作　原　十秋
脚本　小川正
監督　小杉勇

a-15

麻薬密輸団の掃滅を描く活劇物

麻薬（阿片）密輸団の検挙を廻っての物語である関係上　麻薬の管理面からしては好ましからざる部分もあるが、充分　麻薬の害を説く部分を強調すると共に　以下の諸部分についても充分注意して製作されたい（法律）

(1) 注射場面　すべて演出注意　（残酷）

(2) 麻薬名は明示しないこととするが「ペイ」なる呼称については必ずしもこの限りとしない（法律）

(3) 麻薬取引にわたる部分（シーン89　96　98）は価格等にわたらぬ様改訂する　（法律）（三ヶ所）

尚　麻薬使用の実際描写（シーン97　87）は改訂又は演出的に善処する（法律）（三ヶ所）

(4) シーン34　セリフ「……GI……」シーン131　セリフ「……中国大陸……」の「中国」及びシーン133　セリフ「香港からだ」の「香港」は　夫々改訂したい（国家）（三ヶ所）

(5) シーン10　死体の頭に弾丸を打ちこむ件　（残酷）

シーン65　太腿注射の件　（風俗・残酷）

シーン86　山と積まれた賭金の件　（法律・社会）

シーン99　ヌードスタヂオ場面　（風俗）

は夫々演出上過度に刺戟的又は猥褻的にならぬ様注意する

(6) すべて麻薬を興味的に描く事をしない　（法律）

以上の如く希望した。

ム－16

続十代の性典	大映

企画　土井逸雄
脚本　須崎勝弥
監督　佐伯幸三

傷つきやすい十代の青春群像が友情と反省に支えられて成長する姿を描く

次の二点につき　教育者に関することでもあるのでその点を考慮して脚本を少しく改訂していただきたいと希望した

(1) シーン10　松下先生の月経に関し　生徒達が研究したり調査したりするくだり（教育）

(2) シーン35　篠居先生のワイシャツがズボンのある処からハミ出していると云うところ（教育）

お嬢さんワンマン社長	東映

企画　三上訓利
〃　佐野宏
原作　池俊行
脚本　戸田伊太郎
〃　弘川洋
監督　田中重雄

（一）

ドン・ファンと云われる男とお嬢さん社長の恋愛探偵ロマンス

希望事項 なし

決闘（「東京の決斗」の改題）	松竹

製作　田岡敬一
脚本　柳沢類寿
監督　田畠恒夫

射撃の好敵手たる二人の男性をめぐる探偵活劇　立体映画

希望事項 なし

続 魚河岸の石松	東映

企画　三上訓利
〃　加藤遵
原作　宮本幹也
脚本　笠原良三
監督　小石栄一
〃　小林恒夫

銚子を舞台とする活劇

この脚本に描かれる限り問題はない
（たゞ前篇同様 ストリップや裸体などに演出上注意してもらいたいことに変りはないが
これはとくにこゝにいちいちあげる迄もなく 演出者のすでに前から承知していられる
ことであろうと思う たゞ一応関心を当方がもっている点だけは伝えてもらうこととし
た）

暁の市街戦	東映

企画 柳川武夫
脚本 高岩肇
〃 舟橋和郎
〃 館岡謙之助
監督 春原政久

国際密輸団を掃滅する警視庁の活動を描く探偵活劇

シーン106 ユキが明枝をムチで打つところ 過度に残酷にならないよう演出上の注意を
希望した（残酷）

6—3

残波岬の決斗	新東宝

製作　児井英生
〃　津田勝三
原作　石野径一郎
脚本　菊島隆三
監督　内川清一郎

唐手術の死斗を描く活劇物

希望事項　なし

愚弟賢兄	松竹

製作　小倉武志
原作　佐々木邦
脚本　椎名利夫
監督　野村芳太郎

兄と弟の愛情を中心に一家の人々が醸し出す生活とユーモアを描く

希望事項　なし

製作　吉田とし子
脚本
監督　野村企峰

地獄の女たち	新大都映画

戦時　南海の孤島に漂着した八人の女と一人の男性との惨ましい生活を描く

一、女性の裸体に関し　その肉体露出の限度を十分注意して演出していただきたい　（風俗）

二、同性愛の点については　出来る限り刺戟的にならぬよう十分演出上の注意をして貰いたい　（性）

三、男女が抱擁するシーンについてであるが　そのシーンの描写に関し　抱擁　愛撫　接吻　しびれるような陶酔　尚も強く抱く等々と刺戟的な言葉が使われてあるので特に風俗上の点を注意して演出して欲しいと希望した　（風俗）

四、風俗上の点で　台詞の改訂を希望したのは次の二ケ所である

6—5

㋑ 可愛い軍曹さん　毎晩きっといくよ（S 85）　（性）

㋺ 向う様にとっちゃあんただけが客じゃないんだからね　あんたより先きに先客があるんだ（S 117）　（性）

五、（S 69）戸部の小屋からトキが出て来ると云うところ　トキが如何にも情事の後であることを直感させる描写は避けていただきたい　（性）

鉄の花束
中田プロ

製作
脚本
監督
｝中田晴久

造船所の組合活動に喰い入って生産妨害を図る陰謀の壊滅を描く

6—6

希望事項なし

蟹工船
現代プロ

製作　山田典吾
原作　小林多喜二
脚本
監督　山村聰

昭和初年の北洋漁業に於ける蟹工船の悲惨な労働生活を描く

一、この作品内容が現代とまちがえられないために　その背景になる時代を　字幕で明示してほしい（社会）

二、シーン7　漁夫この台詞のあとの（と変な恰好）とあるのはやめてもらうこと　（性）

三、監督の言葉として　あるいは浅川の言葉のなかに　（露助）という呼称が三四ケ所在る　これらはやめてほしい　（国家）

6—7

四、

S48 便所の〈壁一杯の楽書〉 S60 甲板でもつれる二人の人影（おそらく同性愛的表現とおもえる） S71 （ひどく猥雑な歌） 春画とおぼしき〈絵〉などは 演出上注意のこと （性）（四ヶ所）

五、

S76 船尾で〈海へ放尿中の工場長〉とあるのは しいていえばすましたところからにしてほしい（醜汚）

以上の諸点を注意 改訂など希望した

白い三叉路
シネ・アート・プロ

製作 田所信竜

脚本 国木田三郎

監督

引揚げの父を待つ貧しい母子をめぐつて 生活保護 児童福祉の精神を描く

希望事項 なし

6―8

審査集計

規程條項	関係脚本題名及希望個所数		集計
1 国家及社会	「素浪人奉行」	5	19
	「次郎長と石松」	2	
	「戦艦大和」	4	
	「再会」	1	
	「大菩薩峠」	1	
	「玄海の鷗」	4	
	「蟹工船」	2	
2 法律	「素浪人奉行」	1	12
	「次郎長と石松」	1	
	「大菩薩峠」	1	

1-9

番号	項目	作品	数	計
		「玄海の鷗」	9	
3	宗教	希望事項なし		0
4	教育	「次郎長と石松」	1	3
		「続十代の性典」	2	
5	風俗	「素浪人奉行」	1	10
		「次郎長と石松」	2	
		「あぶない年頃」	3	
		「玄海の鷗」	2	
		「地獄の女たち」	2	
6	性	「あぶない年頃」	1	10
		「地獄の女たち」	4	
		「蟹工船」	5	

6—10

7	残酷醜汚		6
	「戦艦大和」	1	
	「玄海の怒」	3	
	「暁の市街戦」	1	
	「蟹工船」	1	

○希望事項総数……六〇

6—11

審査映画一覧

○劇映画

審査番号	題名	会社名	巻数	呎数	製作	企画	原作	脚本	監督	主演
八四五	落葉日記	松竹	一〇	九、二七二	小出孝		岸田国士	野田高梧	瑞穂春海	佐田啓二 [illegible]枝子
九八〇	新東京行進曲	〃	一一	八、七三三	小倉武志		入江徳郎 辻本芳雄	柳沢類寿	川島雄三	高橋貞二 小林トシ子
九六七	お役者小僧	〃			高木貢一		子母沢寛	八尋不二 若尾徳平	冬島泰三	高田浩吉 宮城千[illegible]
九四四	岸壁	〃	九	七、六九五	白井和夫			馬場当	中村登	鶴田浩二 淡島千景
九六八	愛慾の裁き	〃	一一	八、九一三	小出孝		吉屋信子	田中澄江	大庭秀雄	若原雅夫 香川京子
一〇二〇	決闘	〃			田岡敬一			柳沢類寿	田畠恒男	川喜多雄二 藤代鮎子

E—12

九五八	夜の終り	東宝	一〇	八、四三一	本木荘二郎			菊島隆三	谷口千吉	池部良 岡田茉莉子
九六〇	プーサン	〃	一〇	八、七六七	藤本真澄		横山泰三	和田夏十 市川崑	市川崑	伊藤雄之助 越路吹雪
九五三	安五郎出世	〃	一〇	八、一五三	田中友幸		藤原審爾	西亀元貞 棚田吾郎	滝沢英輔	森繁久弥 越路吹雪
九七一	妻	〃	一〇	八、六二一	藤本真澄		林芙美子	井手俊郎	成瀬巳喜男	上原謙 高峰三枝子
九七八	地獄太鼓	大映	九	七、八九〇			井上金太郎	民門敏雄	荒井良平	大河内伝次郎 伏見和子
九七三	チャタレイ夫人は日本にもいた	〃	一〇	八、二四〇		加賀四郎	川口松太郎	八住利雄	島耕二	岡譲二 轟夕起子
九六三	近世名勝負物語 花の講道館	〃				頼良庄太郎 高桑義生	村松梢風	八尋不二	森一生	長谷川一夫 木暮実千代
九七九	悲恋椿	〃				浅井昭三郎		若尾徳平	安田公義	山内明 沢村晶子
九八四	母波	〃	九	七、三二〇		米田治	川口松太郎	田辺朝治	小石栄一	三益愛子 木村三津子

6－13

一〇〇七	歌う女剣劇	〃						枝川 弘	西村 元男	久保 幸江
九九〇	アジャパー天国	新東宝 杉原プロ	九	七、五五三	杉原 貞雄		サトウ・ハチロー	八住 利雄	斎藤 寅次郎	伴 淳三郎 清川 虹子
九九一	憲兵	新東宝 児井プロ			児井 英生		宮崎 清隆	井手 雅人 野村 浩将	野村 浩将	中山 昭二 岸 恵子
九九六	近藤勇 池田屋騒動	新東宝 綜芸プロ	九	八、五六〇	竹中 美弘			井手 雅人	池田 富保	嵐 寛寿郎 花井 蘭子
九九八	もぐら横丁	新東宝								佐野 周二 島崎 雪子
九八九	女難街道	東映	八	七、六六六		大曾根 辰保 佐藤 平之助		小川 正	渡辺 邦男	市川 右太衛門 高峰 三枝子
九二八	蛇と鳩	〃	一二	九、一二五		柳川 武夫	丹羽 文雄	棚田 吾郎 舟橋 和郎	春原 政久	滝沢 修 宮城野 由美子
九九五	大菩薩峠	〃	一一		大川 博	マキノ 光雄 玉木 潤一郎	中里 介山	渡辺 邦男	渡辺 邦男	片岡 千恵蔵 三浦 光子
九八六	アチャコ・エンタツ ちゃんばら手帖	〃				高村 將嗣		比佐 芳武	河野 寿一	アチャコ エンタツ

6—18

九八三	悲劇の将軍 山下奉文	東映	一二	一〇、六九〇	大川博	マキノ光雄 岡田寿之		八木保太郎 西沢裕	佐伯清	早川雪州 小杉勇
九六六	恐妻キュット節	新理研			高見貞衛	斉藤昇	中山正男	笠原良三	毛利正樹	河津清三郎
八九四	縮図	近代映協	一二	一一、九五六	吉村公三郎		徳田秋声	新藤兼人	新藤兼人	乙羽信子
九五五	混血児	独プロ			五井尭	小林文子	高崎節子	片岡薫	関川秀雄	夏川静江
一〇一四	あぶない年頃	新映	五	四、二三二				浅野辰雄	堀川中務夫	平田昭彦 月丘千秋

○予告篇

九六七—T	松竹製作ニュース第一一一号	松竹		お役者小僧
九四四—T	〃 第一一二号	〃		岸壁
九六八—T	〃 第一一三号	〃		愛慾の裁き
九四五—T	〃 第一一四号	〃		落葉日記

6—15

九六〇—T	プーサン	東宝		
九五三—T	安五郎出世	〃		
九七一—T	妻	〃		
六四二—T	愛情について	〃		
S—一五五—T	大映ニュース 第二五六号	大映		暁の鼓笛隊
九七三—T	〃 第一五七号	〃		チャタレイ夫人は日本にもいた
九七九—T	〃 第一五八号	〃		悲恋椿
九六三—T	〃 第二五九号	〃		花の講道館
九九〇—T	アジヤパー天国	新東宝 杉原プロ		
九九一—T—一	憲兵	新東宝 児井プロ		第一報
九九一—T—二	憲兵	〃		第二報 附戦艦大和(特)
S—一五七—T	大映ニュース 第二五八号	大映		虚無僧系図
九八四—T	〃 第二五七号	〃		母波

B—16

番号	作品名	製作
九九六－T	近藤勇 池田屋騒動	新東宝 綜芸プロ
九九八－T	もぐら横丁	新東宝
九八九－T	女難街道	東映
九八七－T	山下奉文	〃
九九五－T	大菩薩峠	〃
一〇〇〇－T	むきめし学園	〃
九八六－T	アチャコ・エンタツ ちゃんばら手帖	〃
九七四－T	旅はそよ風	宝塚映画
一〇〇一－T	続浮雲日記	東京映画

○併映短篇

番号	作品名	製作
E－六〇九	ユーモア教室	理研大映色映画
E－六二七	神奈川県ニュース No.52	神奈川ニュース映画協会

E－六五一	世界の動き第一集、朝鮮	日映新		
E－六五三	ポピイの冒険	日本漫画	一	二五〇
E－六二九	アナタハン島の真相はこれだ	新大都		
E－五九五	ぼくらの機関車	北欧映画	二	二、二七〇
E－六〇八	あなたの美容手帖	日東映画	一	
E－六二五	ムービー・アド 貴女はパリへ招待されている	電通	一	一〇〇
E－六二八	私は狙われている	東宝	二	一、六六一
E－六三九	プカスカ騒動	新理研	三	二、五〇〇
E－六四〇	僕はアマチュアカメラマン	小西六	三	
E－六三六	雪ふみ	ビデオ映画	三	
E－六四三	ひばりの唄う玉手箱	松竹		

○ スポーツ、ニュース

P－二五四	ムービータイムズ 第二五四号	プレミア			
P－二五五	〃 第二五五号	〃			
P－二五六	〃 第二五六号	〃			
P－二五七	〃 第二五七号	〃			

○新版

S－一五九	浪曲忠臣蔵より 元禄あばれ笠	東宝			企画 杉原貞雄 脚本 加野恩児 監督 石田民三
S－一六一	独眼竜政宗	大映			原作 石坂洋文郎 脚本監督 稲垣浩
S－一六〇	梅里先生行状記 龍神剣	東宝	七	五、七九二	製作 柳山保明 〃 山下良三 原作 吉川英治 脚本 三村伸太郎 潤色 滝沢英輔 〃 岸松雄 監督 滝沢英輔

以上の三作品は原当映画のリストに含まれていたものでありますが今回の審査により、除外されました。

映画審査概要

○　独眼竜政宗　　大映

封建的忠誠の美化にふれた台詞あれど、この限りではそれほど大きな影響ありと思えず、これはこのままとする。

○　梅里先生行状記　竜神奴　　東宝

製作者側に於て、楠公建碑の件を自主的に切除して、当方の審査に出されたものである。これは問題なしと思う。

○　ガーサン　　東宝

立小便の場面は遺憾の意を表す　但し削除を希望するほどのことでもない。

6—20

○浪曲忠臣蔵より

元禄あはれ笠　　東宝

「仇討」に関する台詞と　討入を讃美した台詞　それに関連した場面　三ヶ所　削除を希望し実行された、

○混血児　　峨プロ

混血児問題は現実に未解決な矛盾をふくんだものであるだけに（勿論、厚生、文部、その他政府方針は一応きまっているであろうが）、この映画も　この現実をそのまゝの姿で描いて、観客の批判にまつと云った型となっている。その点一方的な見方からするとき、倫理的な結論のないことに不満が残されるやも知れないが　それは如上のような描写態度によるものであることを考えれば　問題とならず、これはこのまゝでいいと考えられる
脚本審査に於て　完成をまって決定することになっていた個所三、四かあったので、念のため以上のようにここで附言をしておきたい。

a-21

○大菩薩峠　東映

作品内容に関する限り　この描き方で問題はないと思うが、最后のエンドタイトルが〈完〉となつているのは、これが甲源一刀流の巻と次の巻への冒頭とを映画化したものである連続物であるから　主人物その他の行動が　この作品のみでは　道徳的倫理的な解決に至らずして終つている関係上　エンドタイトルが〈完〉では観客にこのましくない印象を背定的に与える心配があるので、これは連続物の一部である意味の〈つまり第一篇とか、天の巻とか〉エンドタイトルに訂正してほしい旨を伝えた。冒頭の題名タイトルには、何ら連作である意味の副題はつけられてはなかつたので　特に右の処置を希望したのである。

○悲劇の将軍　山下奉文　東映

非戦斗員をアメリカ軍が攻撃する印象を与えかねないので、戦車の件を　また日本の戦死兵の顔のアップ〈蛆のはつているカット〉と共に除いてもらつた。但し外国版は別に協議したい旨を伝えておいた。〈製作者側にも、すでにその意向があつたのであるが〉

なお、「審査報告」前号にこの脚本の最後的な決定本の提出があつて、〈これは主として部分省略とリールに依頼しないことになつた改訂であるがし　その報告は本号へ別記する予定であつたが、主として省略短縮の面だけの変化であつたので特に言うべき点はない。ただ審査の方向としては、従前の途にしたがつて注意したにとどまる。念のため附記する。

○外国輸出版　　　　　　　　　　東映
悲劇の将軍　山下奉文

本作品は国外に輸出されるときは　あらためて協議したき旨附言したが　このたび　沖縄をはじめ外国へ出されるについて　審査をし、次のように決定承諾を求めた。

一、精神異常の兵隊が、虚構の報告をしているシーンはその内容のまことしやかな印象よりも、その兵隊の服装が、まず一見して傷病兵の白衣で、頭は繃帯らしきものをへターバンの如くしていたことが　確められ　必ずしも心配されるが如き印象はないものとみとめられるからこれはこのままとした。

二、避難民の夜間行進のシーンは「戦車だ」と云う声の出る以前から切除、すぐあとは翌朝の新聞記者二人のシーンに続くようにカットして、あたかも非戦斗員がアメリカ軍に攻撃されるかの印象を消してもらつた。

a-23

宣伝広告審査概要

○審査した宣材数

スチール　二七四枚

プレス　二五枚

ポスター　二九枚

撮影所通信その他　一六枚

○改訂　削除　注意　使用中止方　希望件数　二

○新東宝作品「憲兵」の新聞広告につき同社に対し注意希望

○松竹配給「花は何故咲くのでしょう」の宣伝材料につき、同社に対し訂正、注意希望　実行された。

B-24

各社封切一覧

封切月日	審査番号	題名	製作会社	備考
○松竹				
四月一日	九五九	乙女の診察室	松竹	
	九七七	女だけの心	〃	
四月八日	九八〇	新東京行進曲	〃	
四月十五日	九六七	お役者小僧	〃	
	九六一	嫁の立場	〃	
四月二十二日	九四四	岸壁	〃	
四月二十九日	九三七	姉妹	〃	
	E-六四三	ひばりの歌う玉手箱	〃	

6—25

○東宝

四月一日	九六四	トンナンカン 怪盗火の玉小僧	宝塚映画	
四月八日	九五八	夜の終り	東宝	
四月十五日	九六〇	プーサン	〃	
	S－一四四	恋の風雲児	〃	「快男児」の改題
四月二十二日	九五三	安五郎出世	〃	
四月二十九日	九七一	妻	〃	

○大映

四月一日	九五六	怒れ三平	大映	
四月八日	九七八	地獄太鼓	〃	
	S－一四九	宮本武蔵 決闘般若坂	〃	新版
四月十五日	S－一五五	暁の鼓笛隊	〃	(紅顔鼓笛隊)改篇版
	九七三	チャタレイ夫人は日本にもいた	〃	

四月二十二日	S－一五七	虚無僧系図	〃	新版
	九八四	母　波	〃	
四月二十九日	九六三	花の講道館	〃	
	一〇〇七	歌う女剣劇	〃	
○新東宝				
四月一日	九六五	「西鶴諸国噺」より 姫君と浪人	新東宝	
	S－一五三	水戸黄門廻国記	日活	新版
四月八日	八九四	縮図	近代映協	
四月十五日	九九〇	アジャパー天国	新東宝 杉原プロ	
四月二十三日	九九一	憲兵	新東宝 児井プロ	
四月二十九日	九九六	近藤勇 池田屋騒動	新東宝 綜芸プロ	
○東映				
四月一日	九三六	女間者秘聞 赤穂浪士	東映	

6—27

四月九日	九二八	蛇と鶴	東映
四月十四日	九八九	女難街道	〃
四月二十三日	九九五	大菩薩峠	〃
四月二十九日	九八三	山下奉文	〃
○その他			
四月九日	E－六二九	アナタハン島の眞相はこれだ	新大都
四月二十一日	九五五	混血児	織プロ

4－28

映画倫理規程審査記録第四十六号

昭和二十八年五月五日発行
発行責任者　池田義信

東京都中央区築地三ノ六
映画倫理規程管理部事務局
電話築地（55）二八〇二
〇六九大番

映画倫理規程審査記録

第47号

47

映画倫理規程

審査記録

28.5.1　28.5.31

映画倫理規程管理委員会

目次

管理部記事

○管理委員松山英夫氏は今回都合により任を辞し新たに
　　須田鐘太氏（大映製作事務本部次長）
が管理委員に委嘱されました。

○日本映画の海外進出などに伴い、これが外人の注視を集めている折柄　対外関係の諸問題を含む作品の審査について五月八日の管理委員会の席上　一層慎重なる態度を以てこれが處理に当るべきであるとの申合せがなされました。

審査脚本一覧

会社名	題名	受付日	審査終了日	備考
大映	黒豹	四 二〇		
大映	改訂版	四 一八	五 一	「上海の踊り子」の改題 改訂第二稿
新芸術プロ	ひばり捕物帖 唄祭り八百八町	四 三〇	五 一	
大映	暴力市街	五 二	五 六	
大映	胡椒息子	五 二	五 六	
松竹	母の誕生日	四 二七	五 六	
松竹	天馬往来	四 二七	五 六	
松竹	雪間草	五 六	五 八	
新東宝	アチャコ青春手帖第四話 めでたく結婚の巻	五 六	五 九	「アチャコ青春手帖第四話」の改題
東映	新書太閤記 桶狭間急襲	五 九	五 一二	
東映	大菩薩峠 第二部 壬生と島原の巻 三輪神杉の巻	五 九	五 一二	「大菩薩峠第二部」の改題

東映	残侠の港	五・一二	五・一三	
東宝	續・思春期	五・一二	五・一三	
新東宝 綜芸プロ	人形佐七捕物帖 通り魔	五・一二	五・一三	
日映新社	お母さんの結婚	五・一一	五・一五	
新東宝	刺青殺人事件	五・一二	五・一五	
大映	丹下左膳	五・一五	五・一九	
大映	續丹下左膳	五・一五	五・一九	
東映	源太時雨	五・一三	五・二〇	
日本教職員組合	長田新篇「原爆の子」より ひろしま	五・二〇	五・二一	
東宝	金さん捕物帖 謎の人形師	五・一九	五・二二	「江戸ッ子判官第二部 お光人形」の改題
宝塚映画	トンチンカン八犬傳	五・二〇	五・二二	
星野プロ	廣場の孤独	五・一九	五・二六	
松竹	美貌と罪	五・一六		

松竹	美貌と罪 改訂版	五・一五	五・二七	
ニューカレントプロ	海の居候	五・二五	五・二七	
松竹	純潔革命	五・二六	五・二七	
松竹	あばれ獅子	五・二六	五・二七	
東映	片目の魔王	五・二六	五・二七	
大映	木曽路の子守唄	五・二八	五・二九	

a—4

◎新作品……………二八

シナリオ数……………三四（内改訂版一）

内訳＝松竹 七（内改訂版一） 東宝 二 大映 七（内改訂版一）

新東宝 三 東映 五 新芸術プロ 一 日映新社 一

日本教職員組合 一 宝塚映画 一 星野プロ 一

ニューカレント・プロ 一

◎審査シノプシス……………なし

脚本審査概要

黒豹（「上海の踊り子」の改題）　大映

企画　中代富士男
原作　小泉譲
脚本　田辺朝二
〃　　音村和彦
監督　田中重雄

終戦時の上海を舞台とするスパイ戦に生まれた恋の物語

希望事項なし

a — 6

ひばり捕物帖
唄祭り八百八町

新芸術プロ

製作　福島通人
脚本　八住利雄
監督　斎藤寅次郎

ひばりの唄と踊りで綴る人情捕物帖

シーン91　ひばり「欽弥さま！とどめを！」の個所であるが　これでは仇討と云う感が強くなるので改訂を希望した。（法律）

なおこの脚本では挿話として仇討が出て来るが　さきの個所さえ改訂すれば倫理規程で問題にする程度のものとも思えずそのままとした。

暴力市街

大映

企画　辻久一
脚本　沢村勉
監督　安達伸生

a—7

街の暴力団体を掃滅する新聞と市民と警察の努力を描く活劇物

希望事項なし

胡椒息子	大映

企画　米田治
原作　獅子文六
脚本　田辺朝二
　　　島耕二
監督　島耕二

芸妓の子に生れて父の許に引きとられた少年の純情が冷い家庭の空気に和やかな光を導く物語

希望事項なし

母の誕生日	松竹

製作　大町龍夫
原作　中里恒子
　　　美川きよ
　　　小山いと子
脚本　津路嘉郎
監督　萩原徳三

a―8

古い時代への愛着を惜しみながらも新しい世代の子供たちに囲まれて生きる母の喜びを描く

希望事項なし

天馬往来
松竹

製作　高木貢一
原作　村上元三
脚本　若尾徳平
監督　内出好吉

天稟の才ある一市井児が維新の騒乱を縫って描き出すロマンス

希望事項なし

雪間草
松竹

製作　山口松三郎
原作　今日出海
脚本　中山隆三
監督　佐々木啓祐

若い男女の純愛によって両家の間にわだかまる深い怨恨が解消する物語

希望事項なし

アチャコ青春手帖 第四話 めでたく結婚の巻	新東宝

製作　杉原貞雄
原作　長沖一
脚本　蓮池義雄
監督　井上梅次

アチャコのタクシー運転手をめぐる恋愛喜劇

ダンスの場面　女性の肉体露出の限度につき　風俗上の点を十分注意して演出して戴きたい（風俗）

新書太閤記 桶狭間急襲	東映

製作　大川博
企画　マキノ光雄
　　　大森康正
　　　佐藤宇之助
原作　吉川英治
脚本　棚田吾郎
　　　舟橋和郎
監督　松田定次

太閤記——清洲城修築から桶狭間の奇勝までを描く第二部

希望事項なし

大菩薩峠 第二部 壬生と島原の巻 三輪神杉の巻
東映

製作　大川博

企画　マキノ光雄
　　　玉木潤一郎
　　　坪井与

原作　中里介山

脚本・監督　渡辺邦男

剣士机竜之助の流転の姿を中心に交錯する人生の諸相を描く

竜之助の虚無主義的な行動——殊にこの第二部に於いては「人が斬りたくなる」という意欲が無批判に出されているのが気にかゝる　人命に対する軽視　或は特権階級である武士のみにかゝる暴力が許されているかの印象を無批判に与えるのは困る・よってシーン5の終りにある「斬りたくなる」　或いはシーン17六行目の竜之助の「今宵は無性に人が斬りたくなった」の二ケ所のその台詞は　無言でその意思表示をするに止めて貰えば幸いである　（社会）（二ケ所）

この竜之助に対する批判としては　更にシーン58などに　例えば一つの批判としてこの人物の内心の苦悶を特にここで強調的に表現するような演出上の関心を払ってもらえると好

い・（社会）

残俠の港	東映

企画　栄田清一郎
原作　火野葦平
脚本・監督　佐伯清

九州若松港の顔役たちの利権争いに絡まる詐欺騒動を描く人間喜劇
喜劇調であるから別に問題はないと思うが　やくざ礼讃と云う印象を与えないよう演出注意を希望した。（社会）

續・思春期	東宝

製作　田中友幸
脚本　井手俊郎
〃　梅田晴夫
監督　本多猪四郎

思春期の衝動に惑う少年少女を護る父兄と教師の悩みを描く
希望事項なし

a—12

人形佐七捕物帖
通り魔

新東宝
綜芸プロ

製作　竹中美弘
原作　横溝正史
脚本　井手雅人
監督　毛利正樹

江戸の怪盗事件の謎を暴く人形佐七の捕物帖

（1）賭場の描写が一ケ所出てくるが賭博の方法を如実に描かないように演出上配慮を願いたい（法律・教育）

（2）盗賊が子を抱いた母を「斬る」とあるがもしたってこれが必要ならば刀をふりかぶったところで描写をとどめられたい（あとでこのことは台詞でのべられるのではあるが）（残酷）

七−1

お母さんの結婚

日活新社

脚本　池田和夫
監督　斉藤達雄

父なき子が母の恋人に対して抱く微妙な感情を描くメロドラマ

希望事項なし

刺青殺人事件

新東宝

製作　安達英三郎
協力製作　山崎喜暉
原作　高木彬光
脚本　伊藤大輔
監督　森一生

刺青の謎に絡まる殺人事件を扱った探偵映画

(1) 全体を通じて刺青に関する取扱いは飽くまでも製作意図通りに（刺青の讃美ではなくてむしろ刺青を否定する心構えから出発したい）願いたい（社会）

(2) 朝日湯のシーン（シーン31）脱衣場で絹枝の裸の後姿を見せるくだり――いくら後姿でも全身の真裸を見せるのは困ると思う　風俗上の点を十分注意して演出して戴きたい（風俗）

(3) シーン43の浴室の中に胴体から切断された女の手や下肢が転がっていると云うところ――これは過度に残酷な感じになるのを避けるために　やはり脚色者の希望通り普通写真で表現されることが望ましい　その普通写真も余りグロテスクな感じのものは困ると思う（残酷醜汚）

イ−2

(4) シーン82　英一郎と早川博士との会話は刑法百九十條（死体損壊）を無視しているので
その点脚本の改訂をして貰いたい

(5) シーン88の台詞の中で「検事局から云々」とあるのは「検察庁」と改訂されるべきであろう（法律）

(6) シーン101　彫師が若い女に刺青をしている場面は　(1)の場合の当方の希望通りにして戴くことは勿論であるが　この場面はエロ・グロの感じを出来るだけ避けて特に十分注意して演出して戴きたい（風俗・残酷醜汚）

(7) シーン128　ホテルの一室にて河畑京子がベッドから飛び起きて云々のところ——風俗上の点を注意して演出して欲しい（風俗）

(8) シーン130　大学の教室に於ける手術のシーンは出来るだけ残酷醜汚の感じを避けた描写であって欲しい（残酷醜汚）

(9) シーン132　阿片窟追求云々の解説の声に従って描写の数場面とあるが——　阿片窟の実景など出さないようにして戴きたい（法律）

希望事項は以上である

※　※　※

α－3

丹下左膳	大映

企画　清水竜之助
原作　林不忘
構成　伊藤大輔
脚本　柳川真一
監督　マキノ雅弘

名剣乾雲坤竜の争奪を描く時代活劇

(1) 全体に亘ってこの劇の中心にある乾雲・坤竜の二剣に対して過度な魔剣讃美の印象を与えないように注意して欲しい（社会）

(2) 主人物丹下左膳は　この魔剣に憑かれて人を斬るが（勿論それが美化されては困るが）右篇に於いてその魔性を自覚反省するに至る途が描かれているので　かかる人物を無批判に肯定して描いているとは思えないが　その点この首尾を一層通して貰えば完全だと思う（社会）

(3) 魔剣に憑かれて人を斬る描写がO・Lで四ケ所重ねて描かれるが　これは残酷な印象を過度に出さないよう特にその点注意して欲しい（残酷）

ℓ—4

續丹下左膳

大映

企画　清水竜之助
原作　林不忘
構成　伊藤大輔
脚本　柳川真一
監督　マキノ雅弘

名剣乾雲坤竜の争奪を描く時代活劇

前篇と同様な注意をもって演出されたいことに変りはないが特にシーン99末尾の玄八が老女おさよを抜きうちに斬るとあるところ　或いはシーン103小野塚道場で弥生が斬られるところ殊に前者は必ずしも斬られなくとも好いところかとも思える丈けに（製作者はこの軍之助一味の悪虐の強調の意味もあってかかる表現をこころざしているかとも考えられるのであるが）　無意味に過度に残酷な殺人は避けて欲しいと思う（残酷）

尚　前・后篇ともに完成映画にまたなければその印象の決定しかねる箇所もあるので　それらはそのとき検討したいと思う

源太時雨

東映

企画　高村将嗣
〃　栄田清一郎
原作　長谷川伸
脚本　横川大助
監督　荻原遼

ム—5

鉄島鳥の栄太をめぐる恋と人情の物語

希望事項なし

長田新篇「原爆の子」より
ひろしま

日本教職員組合

企画　日本教職員組合
製作　伊藤武郎
脚本　八木保太郎
監督　関川秀雄

原爆都市広島の惨害を描き　平和への祈りを綴る

この映画の企画の意図にもみる如く「世界最初の原爆をうけた日本人は　原爆禍の広島を正視し　深い認識をもつと共に全世界にこの実相と罪悪を正確率直に公表し訴えなければならぬ義務と権利をもつものだと云う観点から描かれるものとして　一応描写は残酷な印象を与えるものであろうことは十分に考えられるが　特に　ケロイドの表現　原爆后の人体の破傷　いろ〳〵の形をした死体やその取扱いなどに　残酷感の過度な強調はつゝしんで貰いたいと思う（残酷）

と云うことは　倫理規程としては勿論のこと　製作意図の目的そのものに沿う為にも　過

4－4

度な刺戟的な表現は却って観客をして嫌悪感が先にたって　訴えんとするその目的にも反する結果すら考えられると思うからで　例えば同じ被写体でもアップとフルとでは効果は違うであろうし　或いは照明の如何によってもその刺戟の強弱は違うであろう　ともかくその点一定の限度を考えて細心の注意を払って戴きたいと思う　これらの点は個々の箇所をあげるよりも　全体に於いて以上のごとく希望をのべさせて貰う（軍艦マーチのこと軍人の長袴処置その他一応製作者側と合議はしたのであるが）

以上の関心のもたれるところは　画となって更にその印象に変化もあろうから　その時なお検討したいことを申出で承諾を得た（製作者側の申出でであるが　ラッシュ・プリントの試写を内容として見ることになるであろうと思われる）

なお　これが国外に輸出される場合には改めて合議したい

この点をお保留しておきたい

金さん捕物帖 謎の人形師 （「江戸っ子判官第二部　お化人形」の改題）	東宝

製作　清川峰輔

脚本　高木恒穂

監督　中川信夫

軍用金を狙う陰謀の一味を挫く遠山金四郎手柄話

希望事項なし

トンチンカン八犬伝	宝塚映画

脚本　秋田　実
。　鏡　二郎
監督　並木　鏡太郎

「八犬伝」の物語をもじった時代喜活劇

希望事項なし

美貌と罪	松竹

製作　山本　武
脚本　植草　圭之助
監督　岩間　鶴夫

R—8

現代社会悪の犠牲となって遂に身を誤る一女性の悲劇

希望事項なし

海の居候　ニユー・カレント・プロ

脚本　中原龍太
監督　原千秋

釜石の石灰山をめぐる正邪の斗争を描く活劇物

希望事項なし

6－9

純潔革命

松竹

製作　石円[illegible]吉
脚本　沢村勉
監督　川島雄三

純潔と結婚の問題をめぐって三組の男女の青春行路を描く

シーン101の坂口医師の人工流産に対する法的処置の解釈は　その台詞の中にある「医師法」でなく　二七年改正の「優生保護法」に従ったものに訂正して欲しい　さもないと　一般に対して法について誤解を生む恐れがある（法律）

6.—10

あばれ獅子

松竹

製作　小倉浩一郎
原作　子母沢寛
脚本　八住利雄
監督　大曽根辰夫

浴井赤觧太郎の青年時代　その父母の恩愛を描く物語

シーン37　お通夜の席で三太と猪之吉が　柩の前で経を読むところ　茶化されないよう宗教的尊厳を傷つけぬよう演出に当り注意を払われんことを希望した（宗教）

片目の魔王	東映

企画　大森康正
脚本　比佐芳武
監督　佐々木康

ダイヤモンドの争奪をめぐる探偵活劇

希望事項なし

6—11

木曽路の子守唄

大映

企画　高桑義生
原作　荻原四朗
浪曲構成
脚本　木下藤吉
監督　加戸敏

勘太郎を伴い法綱に追われて木曽路を落ちゆく国定忠治の旅姿（浪曲物）

希望事項なし

6—12

審査集計

	規程條項	關係脚本題名及希望個所数		集計
1	國家及社会	「大菩薩峠（第二部）」	3	7
		「残俠の港」	1	
		「刺青殺人事件」	1	
		「丹下左膳」	2	
2	法律	「唄祭り八百八町」	1	5
		「通り魔」	1	
		「刺青殺人事件」	2	
		「純潔革命」	1	
3	宗教	「あばれ獅子」	1	1
4	教育	「通り魔」	1	1

C－1

5	風俗	「アサヤマ青春手帖（[illegible]）」	1
		「刺青殺人事件」	3
			4
6	性	「希望事項なし」	
			0
7	残酷醜汚	「通り魔」	1
		「刺青殺人事件」	3
		「丹下左膳」	1
		「続丹下左膳」	1
		「ひろしま」	1
			7

○希望事項総数……二五

審査映画一覧

○劇映画

審査番号	題名	会社名	巻数	呎数	製作	企画	原作	脚本	監督	主演
九九四	陽気な天使	松竹	五	三、九一四	大町龍夫			大町龍夫 氷山正夫	斉藤宗一	美空ひばり 十朱久雄
一〇〇四	あっぱれ五人男	〃	十	八、四五三	杉山茂樹			八住利雄	斉藤寅次郎	アチャコ 伴淳三郎
九九七	真珠母	〃	十	八、六九四	山口松三郎		林芙美子	橋田寿賀子	堀内真直	水原真知子 若杉英二
一〇〇五	めぐり逢い	〃			久保光三		須藤雅子	光畑碩郎	池田浩郎	須賀不二夫 草間百合子
九九三	景子と雪江 「愛の高原」より	〃	十一	八、七六四	市川哲夫		壹司山治	萩山輝男 津路嘉郎	萩山輝男	岸恵子 小林トシ子
一〇〇九	その妹	〃	十一	九、六四二	山本武		武者小路実篤	柳井隆雄	原研吉	佐田啓二 角梨枝子

C—3

六二四	愛情について	東宝	十	八七〇七	松本眞登		小山いと子	水木洋子 井手俊郎	千葉泰樹	山根寿子 岡田英次
九九九	母と娘	〃	九	七二〇三	田中友幸		[illegible]	井手俊郎	丸山誠治	水谷八重子 有馬稲子
一〇〇八	次郎長三国志第三部 次郎長と石松	〃	十	七四八三	本木荘二郎			松浦健郎 小国英雄	マキノ雅弘	森繁久彌 久慈あさみ
一〇一〇	町の弥太ッペ	大映				高桑義生	長谷川伸	西條太郎	田坂勝彦	黒川弥太郎 山本富士子
九二四	慾望	〃	十二	一〇七五〇				新藤兼人	吉村公三郎	水戸光子 菅原謙二
一〇一七	続十代の性典	〃	十一	八七〇〇		土井逸雄		須崎勝彌	佐伯幸三	根上淳 南田洋子
九七一	獅子の座	〃	十四	一一四九三		亀田耕司	松本たかし	伊藤大輔 田中澄江	伊藤大輔	長谷川一夫 田中絹代
九九八	もぐら横丁	新東宝			柴田万三		尾崎一雄	清水宏 吉村公三郎	柴田万三	佐野周二 島崎雪子
九八二	銀二郎の片腕	新東宝 昭和プロ	八	七五五一	佐野宏		里見弴	八田尚之	青柳信雄	藤田進 木暮実千代

C－4

一〇〇二	晴れ姿伊豆の佐太郎	新東宝	九	七、六六〇	杉原貞雄			三村伸太郎	中川信夫	高田浩吉 嵯峨美智子
一〇二二	残波岬の決闘	〃	九	七、九二六	児井英生 津田勝一		石野径一郎	菊島隆三	内川清一郎	中山昭二 嵯峨美智子
一〇〇〇	むぎめし学園	東映	十	八、六三〇		金平軍之助	鶴田正男	館岡謙之助	森永健次郎	舟橋元 岸旗江
九七〇	新書太閤記 流転日吉丸	〃	十	九、三四九	大川博	マキノ光雄 大森康成	吉川英治	棚田吾郎 舟橋和郎	萩原遼	市川右太衛門 田中絹代
一〇二四	暁の市街戦	〃	九	八、一九五		柳川武夫		高岩肇 舟橋和郎	春原政久	宇佐美諄 折原啓子
一〇〇六	素浪人奉行	〃	十	八、七二八		西原孝	高木彬光	鈴木兵吾	佐々木康	市川右太衛門 島崎雪子
九七四	旅はそよ風	宝塚映画	八	六、三三二				稲垣浩	稲垣浩	大谷友右衛門 八千草薫
九九二	雲ながるる果てに	新世紀映画 重宗プロ	十一	八、九九三	重宗和伸 伊藤武郎		家城巳代治	八木保太郎	家城巳代治	鶴田浩二 木村功
一〇〇一	続浮雲日記	東京映画	九	七、九八九	加藤譲		富田常雄	鏡二郎	並木鏡太郎	三田隆 若山セツ子

C－5

○ 予告篇

一〇〇四−T	松竹製作ニュース 第一一六号	松竹		あっぱれ五人男
一〇〇九−T	〃 第一一七号	〃		その妹
九七六−T−一	〃 特報	〃		日本の悲劇
九九九−T	母と娘	東宝		
一〇〇八−T	次郎長三国志第三部 次郎長と石松	〃		
一〇一〇−T	大映ニュース 第二六一号	大映		関の弥太ッペ 慾望（特報）
S−一六一−T	〃 第二六二号	〃		独眼竜正宗
九二四−T	〃 第二六三号	〃		慾望
一〇一七−T	〃 第二六四号	〃		続十代の性典 獅子の座（特報）
九七二−T	〃 第二六五号	〃		獅子の座
九八二−T	銀二郎の片腕	新東宝 昭和プロ		
一〇一三−T−二	戦艦大和	新東宝		第二報

C—6

一〇三一T一三	〃	〃			第三報
一〇〇二一T	晴れ姿 伊豆の佐太郎	〃			
一〇二二一T	残波岬の決斗	〃			
一〇三四一T	アチャコ青春手帖第四話 めでたく結婚の巻	新東宝 吉本			
九七〇一T	新書太閤記 流転日吉丸	東映			
一〇二四一T	暁の市街戦	〃			
一〇三八一T	大菩薩峠 第二部 壬生と島原の巻 三輪神杉の巻	〃			
九九二一T	雲ながるる果てに	新世紀映画 重宗プロ			
一〇〇一一T	続浮雲日記	東京映画			第二報

○併映短篇

E一六四二	神奈川県ニュースNo.54	神奈川ニュース映画協会	一	九〇〇	
E一六五五	〃 No.55	〃			

C－7

E－一六二四	産業北九州の姿	昭映（株）	一 一、〇〇〇	
E－一六二五	ホルスタイン物語	・	二 一、四〇〇	
E－一六四一	スキーヤー	上田商会映画部	一 八〇〇	（一六ミリ）
E－一六四四	お笑い横町（トンゲンカン）	前田映画		
E－一六五〇	夏を愉快に	電通	一 六〇〇	水虫治療薬の宣伝
E－一六五二	一九五三年メーデー	メーデー実行委員会記録映画製作促進会	二 一、七〇〇	
E－一六五四	綱島温泉行楽園	国際スクリーンダイド	一 四〇〇	
E－一六五五	イラン石油と日本	新理研	一 九〇〇	
E－一六五九	柔道の王者	電通 映米		昭和二十八年度全日本柔道選手権の記録
E－一六六一	市政だより No.3	北日本映画	一	企画 札幌市
E－一六六二	かわいい魚屋さん	小西六 S・O・P	一	童謡コニカラー映画
E－一六六三	昭和二十八年夏場所大相撲前半戦	大日本相撲協会映画部	一 九〇〇	

G―8

○スポーツニュース

P-二五八	ムービータイムズ第二五八号	プレミア		
P-二五九	〃　第二五九号	〃		
P-二六〇	〃　第二六〇号	〃		
P-二六一	〃　第二六一号	〃		
P-二六二	〃　第二六二号	〃		

○新版

S-一六四	新婚お化け屋敷	東宝		製作 滝村和男 脚本 小国英雄 監督 斎藤寅次郎 昭和十四年製作
S-一六六	浪人吹雪	〃		昭和十二年製作
S-一六五	浮かれ大名（男まつり百万両の攻防）	〃	七 四、六二一	監督 斎藤寅次郎 昭和二十三年製作

C-9

○完成劇映画数……………………二四本

内訳　松竹　六　東宝　三　大映　四

新東宝　四　東映　四　その他　三

○それらの予告篇……………………二一本

内訳　松竹　三　東宝　二　大映　五

新東宝　六　東映　三　その他　二

○併映短篇映画……………………一四本

○スポーツニュース……………………五本

○新版……………………三本

○映画カット希望件数……………………三件

映画審査概要

○ 次郎長三国志第三部
次郎長と石松　　東宝

三巻目　岩風呂のシーン風俗上面白からず　削除希望し実行された（二呎）

○ 暁の市街戦　　東映

三巻目　風俗上面白からざるストリップ・ショウを（一五呎）削除希望し実行された

○ 続　浮雲日記　　東京映画

七巻目　待合の四畳半に布団の敷いてある場面　卑猥感の認められるところ（一一一呎）
削除希望し実行された

○ ホルスタイン物語　　昭映プロ

C−11

ホルスタイン牛の人工受精 分娩を描写しているが 態度は学術的であり 又画面も清潔に処理されているので 問題なしとした

宣伝広告審査概要

一、東宝映画「梅里先生行状記竜神剣」の新聞広告に関し「改修版」の表示が規格に異る為 同社の注意を喚起した

C―12

各社封切一覧

封切月日	審査番号	題名	製作会社	備考
○松竹				
五月六日	九六八	愛怨の裁き	松竹	
五月十三日	一〇〇四	おっぱれ五人男	〃	
五月二十日	九四五	落葉日記	〃	
五月二十八日	九九七	真珠母	〃	
	九九四	陽気な天使	〃	
○東宝				
五月七日	九七四	旅はそよ風	宝塚映画	
	九七一	妻	東宝	
五月十四日	六四二	愛情について	〃	

C —13

五月二十日	一〇〇一	續浮雲日記	東京映画	
五月二十七日	九九九	母と娘	東宝	
○大映				
五月六日	九七九	悲恋若	大映	
	九六三	花の講道館	〃	
五月十三日	一〇一〇	関の弥太ッペ	〃	
五月二十日	九二四	慾望	〃	
五月二十七日	一〇一四	続十代の性典	〃	
○新東宝				
五月七日	九九八	もぐら横丁	新東宝	
五月十三日	九八二	銀二郎の片腕	新東宝 協和プロ	
五月十九日	一〇〇二	晴れ姿伊豆の佐太郎	新東宝	
五月二十七日	一〇一二	残波岬の決闘	〃	

0—14

五月二十七日	九六六	悪妻キュット節	新理研〃	

○東映

五月七日	一〇〇〇	むぎめし学園	東映	
	九八三	悲劇の将軍 山下奉文	〃	
五月十四日	九七〇	新書太閤記 第一部	〃	
五月二十日	九八六	アチャコ エンタツ ちゃんばら手帖	〃	
五月二十七日	一〇二四	暁の市街戦	〃	

2—15

映画倫理規程審査記録　第四十七号

昭和二十八年六月五日発行

発行責任者　池田義信

東京都中央区築地三ノ六

映画倫理規程管理部

電話築地(55)二八〇二
〇六九六番

映画倫理規程審査記録

第48号

48

映画倫理規程

審査記録

28.6.1 ～ 28.6.30

映画倫理規程管理委員会

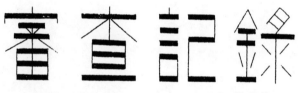

目次

管理部記事

○映画倫理規程管理委員会は六月十四日を以て　昭和廿四年創設以来満四周年を迎えました

この間審査を終了致しましたものは

脚本に於て　一〇四六冊

映画に於て　二五七〇本

の実績を示しました

（註）映画数の内訳は

劇映画　九一九本

短篇その他　一六五一本

尚、脚本審査に於て発せられ　処理された希望事項の総件数は二九二一件に達し・その内訳は次の通りであります

国家及社会　一〇一四件

法律　六〇六件

宗教　二三件
教育　二三九件
風俗　四一〇件
性　三一七件
残酷醜汚　三一二件

映画の完成審査に於て修正が行われた件数は　総計四五九件であります。

審査脚本一覧

会社名	題名	受付日	審査終了日	備考
新東宝	白鳥の騎士 新諸国物語	五、二七	六、一	
〃	野戦看護婦	五、二七	六、一	
〃	〃 自主改訂版	六、三	六、六	改訂第二稿
東宝	白魚	五、二九	六、二	
松竹	旅路	六、一	六、三	
東京映画	坊っちゃん	六、三	六、四	
大映	あにいもうと	六、三	六、六	
新東宝	名探偵アジャパー氏	六、三	六、六	
東映	大菩薩峠 第三部 龍神の巻 間の山の巻	六、五	六、九	

a — 3

大映	雁	六 六	六 九	
松竹	妻の喜び	六 二	六 一〇	「妻の座」の改題
〃	弁天横丁	六 二	六 一〇	
〃	東京物語	六 九	六 一〇	
東宝	亭主の祭典	六 九	六 一〇	「亭主の祭日」の改題
ジャパン映画	(仮題)花の舞扇	六 九	六 一一	
東映	豪雨警報	六 九	六 一一	
大映	花の喧嘩状	六 一二	六 一五	
新映	君に捧げし命なりせば	六 九	六 一七	
東映	江戸の花道	六 一二	六 一七	
松竹	女の一生	六 一三	六 一七	
〃	若旦那の縁談	六 一三	六 一七	「娘の仁義」の改題
大映	新江の島悲歌	六 一五	六 一七	

東宝	野田高梧作「東京の合唱」より サラリーマン物語	六 一七	六 二〇
松竹	次郎吉娘	六 一七	六 二二
〃	(仮題) 純情家族	六 一七	六 二二
大映	金色夜叉	六 一九	六 二四
松竹	金ぴら先生とお嬢さん	六 二二	六 二四
〃	ぶらりひょうたん シミ抜き人生	六 二二	六 二四
近代映協 劇団民芸	夜明け前	六 一	六 二二
東宝	幸福さん	六 二四	六 二七
新東宝	(仮題) ボクらは旅役者	六 二四	六 二九
〃	南十字星は偽らず	六 二四	六 二九

a—5

◎新作品……………三一本

シナリオ数……………三二本

内訳―松竹　一〇　東宝　四　大映　五

新東宝　六（内改訂版一）　東映　三

東京映画　一　ジャパン映画　一　新映　一

近代映協
劇団民芸　一

2.—6

脚本審査概要

白鳥の騎士	新東宝

製作　坂上静翁
原作　北村寿夫
脚本　井手雅人
監督　組田彰三

平安時代蝦夷征伐に絡まる正邪の争斗を描く活劇物

希望事項なし

野戦看護婦	新東宝

製作　児井英生
原作　安斉貞子
脚本
監督　野村浩将

a — 7

大陸に転戦する陸軍看護婦の生活を描く

特記すべき希望事項なし

野戦看護婦 自主改訂版	新東宝

一、シーン108―112に於ける病院爆撃は國際法の規定に鑑み適宜改訂を希望する（法律）

二、その他特記すべき希望事項なし

白昼

東宝

製作　熊谷久虎
脚本
監督
原作　真船豊
脚色補助　西島大

混迷した世相の中に二組の男女を捉え　天地の精気に包まれて生きる人間の姿を描く

希望事項なし

旅路

松竹

製作　大町竜夫
原作　大佛次郎
脚本　池田忠雄
監督　中村登

a－9

人の世を支える真実の愛を求めて旅するさまぐの世代の姿を描く

賭博に関する個所は然るべく改訂されるよう希望した（法律）

坊っちゃん

東京映画

製作　加藤譲
〃　佐藤一郎
原作　夏目漱石
脚本　八田尚之
監督　丸山誠治

直情正義派の一青年教師の奉職行状記

時代色をハッキリ出していたゞかないと教育上難点が相当出てくると思われる　その点十

a — 10

分に注意して演出していたゞきたい（教育）

あにいもうと
大映

企画 三浦信夫
原作 室生犀生
脚本 水木洋子
監督 成瀬己㐂男

生活に焦る兄と家出した妹を中心に人の世の愛憎の縮図を描く

シーン21 伊之がもんに言う罵言のなかの〈そのどてっ腹にどこの野郎だか乗せやがったあげくに〉は餘りに直接的な表現であるので　間接的なものに訂正して欲しい（性）

シーン85 競輪のあんちゃんがみなそろって（前出あり）卑猥なそぶりをしてもんをひやかすのは競輪選手一般を軽視した型にならぬように演出上注意して欲しい（社会）

a—11

名探偵アジャパー氏

新東宝

製作　杉原貞雄
原作　あおいきくらぶ
脚本　笠原良三
監督　佐伯幸三

顔面整型を施して復讐を企てる悪漢と戦う迷探偵の喜活劇

希望事項なし

大菩薩峠　第三部
龍神の巻
間の山の巻

東映

製作　大川博
企画　マキノ光雄
〃　玉木潤一郎
〃　坪井与
原作　中里介山
脚本　渡辺邦男
監督

剣士机竜之助の流軟の姿を中心に交錯する人生の諸相を描く

この脚本に関する限り問題はないと思われる　たゞ剣の美化　その他画面の上でなお検討をしたい点もあるが　それらは演出如何に依って決定されるものであるので　含んでおいて欲しいと思う

雁
大映

企画　平尾郁次
〃　黒岩健而
原作　森鴎外
脚本　成澤昌茂
監督　豊田四郎

孤雁の如く果敢なく生き行く明治女の宿命を描く

a―13

希望事項なし

妻の喜び
（「妻の座」の改題）

松竹

製作
脚本　中村定郎
監督　田畠恒雄

学者の妻の隠された労苦に信頼と愛情を以てこたえる夫の姿を描く

希望事項なし

a―14

辨天横丁　松竹

製作　小倉浩一郎
原作　中野実
脚本　椎名利夫
監督　堀内真直

親子夫婦の愛情を絡ませて未亡人の新しい生き方を描くホームコメディー

希望事項なし

東京物語　松竹

製作　山本武
脚本　野田高梧
　　　小津安二郎
監督　小津安二郎

老夫婦とその子供たちの人間的感情の交流を描く

希望事項なし

8―1

亭主の祭典
（「亭主の祭日」の改題）

東宝

製作　山本紫朗
脚本　八住利雄
監督　渡辺邦男

ある町の最も民主的な妻と夫を表彰しようと云う催しを描いた諷刺喜劇

医師会が税金の査定をするかの台詞が（シーン16）あるが　これは実状を誤解させる恐れあり　訂正されたい（法律）

（仮題）
花の舞扇
岩室情話より

ジャパン映画

原作　大澤錦邦
脚本　津路恵子
監督　石山稔

北越を舞台に画家と芸妓の恋を描く浪曲物

希望事項なし

せ－2

豪雨警報　東映

企画　岡田寿之
原作　戸川幸夫
脚本　小川　正
監督　鈴木英夫

密輸に絡む殺人事件を追及する警察と新聞記者の活躍を描く

希望事項なし

花の喧嘩状　大映

企画　亀田孝司
原作　犬塚　稔
脚本　泉　次郎吉
監督　田坂勝彦

平和な漁村を乱す兇悪なやくざ者の末路を描く

希望事項なし

ℓ－3

君に捧げし命なりせば

新映

製作　大塚和
原作　平林彪吾
脚本
・　新藤兼人
　　若杉光夫
監督　若杉光夫

戦傷によって発狂した夫を抱えて働く妻の愛情を描く

新太郎（精神病者）の扱いは　出来る丈　明るくして陰惨にならぬようにする旨　製作者側から申出があり　当方もこれを諒とした

江戸の花道

東映

企画　柳川武夫
原作　三村伸太郎
脚本　井上梅次
監督　中川信夫

江戸末期の両国の盛り場を舞台に女役者の恋をめぐる市井の人々の群像を描く

希望事項なし

女の一生　松竹

原作　山本有三
脚本　水木洋子
製作者・演出者　未定

純潔な処女が明治―大正―昭和の社会動勢の中に母として妻として生きて行く姿を描く

希望事項なし

若旦那の縁談（「娘の仁義」の改題）　松竹

製作　桑田良太郎
脚本　津路嘉郎
監督　穂積利昌

下町の足袋屋の若旦那をめぐる明朗恋愛劇

毛唐と云う言葉を　穏当な言葉に改めて欲しいと希望した（S２）（国家）

新江の島悲歌
大映

企画 根岸省三
原作 大林清
脚本 笠原良三
監督 小石栄一

運命の手に虐げられて果敢なく散った乙女の悲劇

希望事項なし

野田高梧作「東京の合唱」より
サラリーマン物語
東宝

潤作 森本眞澄
脚本 猪俣勝人
〃 長谷川公之
監督 杉江敏男

生き難い世に夫婦の愛情を一筋の希望として生活するサラリーマンの哀愁を描く

希望事項なし

ℓ—6

次郎吉娘	松竹

製作　市川哲夫
原作　邦枝完二
脚本　鈴木兵吾
　　　永江勇
監督　酒井辰雄

可憐な町娘を助けて悪旗本と戦う鼠小僧をめぐる恋と人情のエピソード

希望事項なし

（仮題）純情家族	松竹

企画　福島通人
製作　久保光三
脚本　山内久
　　　馬場当
監督　瑞穂春海

清廉温良の老教育家の家庭を中心に善意と愛情の勝利を描く

開校記念日に視学官が臨席するのは　現在の教育委員会制度と違うので　正確を期せられたい（S・15）（法律）

e－7

金色夜叉	大映

企画 辻 久一
原作 川口松太郎
脚本 依田義賢
監督 溝口健二

因習と矛盾に満ちた花柳界に生きる二つの世代の苦悩と情愛を描く現代風俗図

希望事項なし

金ぴら先生とお嬢さん	松竹

原作 大町龍夫
原作 鳴山草平
脚本 光畑碩郎
監督 野村芳太郎

明朗闊達な新任教師の女学校生活記

(1) 劇中 静岡県教育委員長にして P・T・A会長を兼ねる人物が登場するが 県の教育委員長は特定 現実の人格に触れることにもなり 又P・T・A会長を兼任することは違法

ではないにしても　実際に副さない（依って以上を研究して適宜　改訂を望みたい（社会）

(2) 尚　学校教員の描写に当って必要以上にその威厳を傷けぬようにしたい（教育）

ぶらりひょうたん シミ抜き人生	松竹

製作　長島豊次郎
原作　高田保
脚本　椎名利夫
監督　野崎正郎

キャバレエに字る風俗図の中に女ごころのまことを描く

希望事項なし

夜明け前	近代映画協会 新団民芸

製作　新藤兼人
原作　島崎藤村
脚本　新藤兼人
監督　吉村公三郎

誠実に生きんとして時流の動きに敗れ去る木曽の庄屋青山半蔵の悲劇を描く

希望事項なし

幸福さん	東宝

製作　藤本真澄
原作　源氏鶏太
脚本　井手俊郎
監督　千葉泰樹

さまざまの世代の結婚と幸福の問題を明るく描く

希望事項なし

ボクらは旅役者	新東宝

製作　杉原貞雄
脚本　八住利雄
監督　斉藤寅次郎

旅廻りの演芸団が描く人情喜劇

（1）巡査が戸口調査に来て「戸籍しらべですが」と云っているが　これは既に現在なくなっているので　人名簿の帳面を持つことなどによって　それとなく表現して欲しい　台詞はとり除くこと（法律）

（2）かけ小屋の芝居の席に〈臨官席〉がしつらえてあるかに描写されてあるが　これもすでにあるべきではないので　かゝる特定の席を設けることは止めて欲しい
巡査が入って来ることはかまわない（法律）

南十字星は偽らず　新東宝

製作　高木次郎
原作　山崎アイン
脚本　成沢昌茂
〃　野村企鋒
監督　田中重雄

南方ボルネオの女性が妻ある日本人に捧げた愛情の悲劇

希望事項なし

広場の孤独　星野プロ

原作　堀田善衛
脚本　猪俣勝人
監督　佐分利信

相寄るさまざまの潮流の中に混迷模索する現代日本の姿を描く

(1) シーン5　御国「大丈夫だよ　スターリンは死にやしねえよ」
土井「死んだっていいじゃないの」
御国「何がいいんだ！　手前えてえな国籍不明の二世が一人前なこと抜かすんじゃやねえや」

(2) シーン29　立川「ふざけるない　バカ野郎！　パンパンじゃあるまいし　歴としたタイピストを検診するなんて人道問題じゃねえか　人権蹂躙だよ！」
文江「そうなのよ　私達も絶体反対を叫んでるんだけど　最近GIの病気がとても増え

2－11

たんですって　パンパンなんか買わない人まで……」
立川「辞めろ　辞めろ　そんな侮辱されてまで働いてやるテはねえよ　アメ公なんかに……」

(3) シーン39　原口「いや　マレンコフを中心とした合議制だよ　ベリヤと云う説もあるが先ず十中八九はマレンコフだね」
立川「アイゼンハワーの奴喜んでやがるだろうなあ　舌なめずりしてて」

(4) シーン50　木垣「僕の妻は防空壕に生埋めになって死んだんだよ　B29の無差別爆撃の夜……」
ハント「（ギョッとなる）」

(5) 組合幹部C（スターリンの死に際して）「天皇の奴弔電出さねえとぬかしてろそうじやねえか」
立川「（誰にともなく）莫迦野郎！」

以上の台詞はそれぞれこの作品の精神を十分に認める人々にはこのまま容認さるべきものであるかも知れないが　映画の大衆性を考えるならば　国民感情の面に於いて問題となり得る懸念もあるので改訂を希望した（国家）（五ヶ所）
又　シーン92・93の修学旅行の一行の前で朝鮮帰りの髭面休暇兵とパンパンが笑いさざめきながらもつれて行ったり　騒いでいたりするところは　国民感情の点に於いて或いは風俗上の点に於いて演出上十分に注意していただきたいと希望した（国家・風俗）

Q−12

審査集計

規程條項		関係脚本題名及希望個所数		集計
1	国家及社会	「あにいもうと」	1	9
		「若旦那の縁談」	1	
		「金ぴら先生とお嬢さん」	1	
		「広場の孤独」	6	
2	法律	「野戦看護婦」（自主改訂版）	1	6
		「旅路」	1	
		「亭主の祭典」	1	
		「純情家族」	1	
		「ボクらは旅役者」	2	

c−1

3	4		5	6	7
宗教	教育		風俗	性	残酷醜汚
希望事項なし	「おっちゃん」 1	「金ぴら先生とお嬢さん」 1	「広場の孤独」 1	「あにいもうと」 1	希望事項なし
0	2		1	1	0

○希望事項総数……一九

審査映画一覧

○劇映画

審査番号	題名	会社名	巻数	呎数	製作	企画	原作	脚本	監督	主演
九七六	日本の悲劇	松竹			小出孝 桑田良太郎			木下恵介	木下恵介	望月優子 桂木洋子
一〇二八	母の誕生日	〃	五	三、四三三	大町竜夫		中里恒子 美川きよ 小山いと子	津路嘉郎	萩原遼三	細川俊夫 千秋みつる
一〇三一	ひばり捕物帖 唄祭り八百八町	新芸プロ 松竹配給	九	八、二三二	福島通人			八住利雄	斎藤寅次郎	美空ひばり 北上弥太郎
一〇三六	雪間草	松竹	九	七、四六四	山口松三郎		今日出海	中山隆三	佐々木啓祐	川喜多雄二 紙京子
一〇六二	妻の喜び	〃	五	三、九八八	大谷浩通			中村定郎	田畠恒雄	北竜二 夏川静江
一〇二五	愚弟賢兄	〃	九	七、七三四	小倉武志		佐々木邦	椎名利夫	野村芳太郎	高橋貞二 月丘夢路

C—3

一〇六三	弁天横丁	松竹	九	八、三八七	小倉武志		中野実	椎名利夫	堀内真直	高橋貞二 藤乃高子
九七五	青色革命	東宝	一〇	九、六三三	藤本真澄		石川達三	猪俣勝人	市川崑	三國連太郎 久慈あさみ
一〇一一	次郎長三国志第四部 勢揃い清水港	〃	九	七、一七〇	本木荘二郎		村上元三	松浦健郎	マキノ雅弘	小堀明男 若山セツ子
一〇四一	続思春期	〃	九	七、九〇二	田中友幸			井手俊郎 梅田晴夫	本多猪四郎	青山京子 久保明
一〇三三	胡椒息子	大映	一〇	八、八七五	米田治		獅子文六	田辺朔二 島耕二	島耕二	三益愛子 中村正紀
一〇二三	黒豹	〃	一〇	七、九六〇	中代富士男		小泉譲	田辺朔二 斉藤和秀	田中重雄	京マチ子 菅原謙二
一〇三二	暴力市街	〃	八	七、三八〇		辻久一		沢村勉	安達伸生	三田隆 三條美紀
一〇四五	丹下左膳	〃	一〇	九、三〇〇	清水竜之助		林不忘	柳川真一	マキノ雅弘	大河内伝次郎 水戸光子
一〇一六	再会	〃	一三	一一、三四四		加賀四郎	久生十蘭	小国英雄 木村恵吾	木村恵吾	森雅之 久我美子

一〇三四	アチャコ青春手帖第四話 めでたく結婚の巻	新東宝 吉本	一〇	八、一九〇	杉原貞雄		長井一	蓮池義雄	井上梅次	アチャコ 南寿美子
一〇四二	人形佐七捕物帖 通り魔	新東宝 綜芸プロ	九	七、四五〇	竹中美弘		横溝正史	井手雅人	毛利正樹	嵐寛寿郎 花柳小菊
一〇一三	戦艦大和	新東宝	一一	八、二二〇	篠勝三 望月利雄		吉田満	八住利雄	阿部豊	舟崎元 藤田進
一〇四三	刺青殺人事件	〃	一一	八、二三七	安達英三郎		高木彬光	伊藤大輔	森一生	徳大寺伸 三浦光子
一〇五六	白鳥の騎士	〃	八	七、三七一	坂上静翁		北村寿夫	井手雅人	組田彰造	大友柳太郎 田崎潤
一〇三八	大菩薩峠 第二部 壬生と島原の巻 三輪神杉の巻	東映	九	八、〇一九	大川博	マキノ光雄 坪井与	中里介山	渡辺邦男	渡辺邦男	片岡千恵蔵 三浦光子
一〇二一	続魚河岸の石松	〃	八	七、一〇四三	三上訓利		宮本幹也	笠原良三	小石栄一 小林恒夫	河津清三郎 星美智子
一〇六七	大菩薩峠 第三部 竜神の巻 間の山の巻	〃	九	八、〇九一	大川博	マキノ光雄 坪井与	中里介山	渡辺邦男	渡辺邦男	片岡千恵蔵 三浦光子
九八七	子は誰のもの	〃	九	八、三四一		金平軍之助	竹田敏彦	館岡謙之助	伊賀山正徳	花井蘭子 小畑やすし

―5

一〇四四	源太時雨	東映	七	六、七九〇		高村将嗣	長谷川伸	比佐芳武	萩原遼	嵐寛寿郎 美夕起子
一〇三〇	白い三叉路	シネアート・プロ	八	六、一〇〇	田所信竜			園木田三郎	園木田三郎	橘公子 近衛敏明
一〇五一	トンチンカン八犬伝	宝塚映画	九	七、八三七				鏡二郎 秋田実	並木鏡太郎	柳家金語楼 エンタツ
一〇三九	お母さんの結婚	日映新社						池田忠雄	斉藤達雄	二本柳寛 坪内美子

○予告篇

九七六―T―二	松竹製作ニュース 第一一八号	松竹		日本の悲劇（第二報）
一〇三一―T	〃 第一一九号	〃		ひばり捕物帖 唄祭り八百八町
一〇三六―T	〃 第一二〇号	〃		雪間草
九七五―T	青色革命	東宝		
一〇一一―T	次郎長三国志第四部 勢揃い清水港	〃		

一〇四一ーT	続思春期	〃		
一〇三二ーT	大映ニュース第二六六号	大映		胡椒・息子
一〇二三ーT	〃 第二六七号	〃		黒豹
一〇三二ーT	〃 第二六八号	〃		暴力市街
一〇四五ーT	〃 第二六九号	〃		丹下左膳
一〇一六ーT	〃 第二七〇号	〃		再会
一〇一三ーTー四	戦艦大和	新東宝		第四報
一〇四二ーT	人形佐七捕物帖 通り魔	新東宝 綜芸プロ		
一〇四三ーT	刺青殺人事件	新東宝		
一〇五六ーT	白鳥の騎士	〃		
一〇五七ーT	野戦看護婦	新東宝		
一〇六六ーT	名探偵アジャパー氏	〃		
一〇二一ーT	続魚河岸の石松	東映		

C—7

一〇六七－T	大菩薩峠 第三部 竜神の巻・間の山の巻	東映		
九八七－T	子は誰のもの	〃		
一〇四四－T	源太時雨	〃		
一〇五一－T	トンチンカン八犬伝	宝塚映画		

○併映短篇

E－六七四	都会の横顔	東宝	八 六、七一六	製作 佐藤一郎 脚本 監督 清水宏 主演 池部良 木暮実千代
E－六八〇	アナタハン	大和プロ		製作 脚本 監督 ジョセフ・フォン・スタンバーグ 主演 中山昭二 根岸明美
E－六六七	神奈川ニュース 第五六号	神奈川ニュース映画協会	一 五〇〇	
E－六八一	〃 第五七号	〃		
E－六八二	大分県ニュース NO. 16	大分県知事室広報課	一 五二〇	

6－8

E－六六四	昭和廿八年夏場所大相撲 後半戦	大日本相撲協会 映画部			
E－六七五	〃 紡錦熱戦譜	〃			
E－六一三	労抗ニュース No 51	読売映画社	二		
E－六七一	スーパー・タンカー 祐邦丸	〃	二	二、二七〇	
E－六七三	水に挑む	〃	二	一、八六一	
E－六六六	緑十字の旗のもとに（第一部配電部）	電通映画社			
E－六八四	躍進する明利酒類	〃			
E－五九四	合同酒精の全貌	〃			
E－六八三	九州の電力	新理研			
E－六八七	第十六国会開く	〃			
E－六六〇	時計	日映科学映画製作所	二	一、二〇〇	
E－六七二	栄冠に競う	日映			
E－六七〇	ピジョンに来って伊勢参り	ピジョン会			

－9

E－六七八	米 第一部 冬幕	第一映画社	四三五〇〇	
E－六五〇	東京踊り 七彩の花吹雪	松竹	二一七四八	
○スポーツ・ニュース				
P－二六三	ムービー・タイムズ 第二六三号	プレミア		
P－二六四	〃 第二六四号	〃		
P－二六五	〃 第二六五号	〃		
P－二六六	〃 第二六六号	〃		
○新版				
S－一四六	龍の岬	大映		製作 浅野辰雄 企画 松山英夫 脚本 小国英雄 〃 白井戦太郎 監督 白井戦太郎 昭和十九年十二月製作

6—10

○完成映画数……二八本

内訳＝松竹 七、 東宝 三、 大映 五、
新東宝 五、 東映 五、 その他 三

○それらの予告篇……二二本

内訳＝松竹 三、 東宝 三、 大映 五
新東宝 六、 東映 四、 その他 一

○併映短篇映画……二〇本

○スポーツ・ニュース……四本

○新版……一本

○映画カット希望件数……二本

映画審査概要

○ 次郎長三国志第四部
勢揃い清水港　東宝

三巻目　やくざの仁義もこれ程描写されては教育上好ましからず適当にカットを希望し
十呎削除実行された

○ 刺青殺人事件　新東宝

六巻目　過度に残酷と感じられる刺青を施している部分四呎削除を希望し実行された

宣伝広告審査概要

東映作品「東浪人奉行」新東宝作品「刺青殺人事件」に於ける刺青の表現の過度と思われるスティル　使用中止を希望　実行された

各社封切一覧

封切月日	審査番号	題名	製作会社	備考
○松竹				
六月三日	一〇〇九	その妹	松竹	
	一〇〇五	めぐり逢い	〃	
六月九日	一〇二五	愚弟賢兄	〃	
	九九二	雲ながるる果てに	新世紀映画 東京プロ	
六月十七日	九七六	日本の悲劇	松竹	
六月二十四日	九九三	景子と雪江 「愛の高原」より	〃	
	一〇六二	妻の喜び	〃	
○東宝				
六月三日	一〇〇八	次郎長三国志第三部 次郎長と石松	東宝	

c—14

六月十日	九七五	青色革命	〃	
六月十七日	一〇五一	トンチンカン八犬伝	宝塚映画	
六月二十三日	一〇一一	次郎長三国志 第四部 勢揃い清水港	東宝	
	二七六	母恋い道中	〃	燃ゆる牢獄 改題 再上映
○大映				
六月三日	九七二	獅子の座	大映	
六月十日	一〇三三	胡椒息子	〃	
六月十七日	一〇二三	黒豹	〃	
六月二十三日	一〇三二	暴力市街	〃	
○新東宝				
六月三日	一〇三四	アチャコ青春手帖第四話	新東宝 吉本	
六月十日	一〇四二	人形佐七捕物帖 通り魔	新東宝 綜芸プロ	
六月十六日	一〇四三	刺青殺人事件	新東宝	

六月十五日	一〇一三	戦艦大和	新東宝	日活系ロードショー（廿三日より一般公開）
○東映				
六月三日	一〇三八	大菩薩峠第二部	東映	
六月十日	一〇二一	続魚河岸の石松	〃	
六月十七日	一〇六七	大菩薩峠第三部	〃	
六月二十四日	九八七	子は誰のもの	〃	

C－16

審査記録索引（四十二号――四十七号）

◎松竹

題名	脚本 号	脚本 頁	改訂版 号	改訂版 頁	映画 号	映画 頁	宣伝 号	宣伝 頁
學生社長	42	a-6						
わが母に罪ありや	42	a-1			42	c-14		
江戸いろは祭	42	b-9						
好きなアンタハン	42	b-9						
東京ヤンチヤ娘	42	b-10						
まごころ（「あゝ初恋」改題）	42	b-10						
夢見る人々	42	b-15						
花嫁花婿寝言合戦	43	a-5						
大学の竜虎	43	a-5						
関白マダム	43	a-9						

題名	脚本 号	脚本 頁	改訂版 号	改訂版 頁	映画 号	映画 頁	宣伝 号	宣伝 頁
花咲く風	43	a-9						
赤襟青襟	43	a-11						
女性の声	43	a-12			45	c-12 (予) c-13		
姉妹	43	a-18						
初恋おぼこ娘	43	a-19			45	c-12		
おもかげの歌	43	a-19						
疾風からす隊	43	a-20						
岸壁	43	a-20						
斗魂	43	a-22						
落葉日記	43	a-22						

c-17

次男坊	44	b-5		
乙女の診察室	44	b-11	45	c-12
娘の主場（「のれん」改題）	44	b-14		
お役者小僧	44	b-16		
愛慾の裁き	45	a-6		
青春デパート	45	a-7		
日本の悲劇	45	a-11		
女だけの心	45	a-12		
新東京行進曲	45	a-13		
聖歌隊の乙女	45	b-13		
景子と雪江	45	b-14		
真珠母	45	b-14		

あっぱれ五人男	46	a-5
めぐり逢い	46	a-6
その妹	46	a-9
決闘	46	b-2
愚弟賢兄	46	b-4
母の誕生日	47	a-8
天馬往来	47	a-9
雪間草	47	a-9
美貌と罪	47	b-8
純潔革命	47	b-10
あばれ獅子	47	b-10

c — 18

◎東宝

題名	脚本 号	脚本 頁	改訂版 号	改訂版 頁	映画 号	映画 頁	宣伝 号	宣伝 頁
一等社員	42	b-1						
江戸ッ子判官	42	b-12						
午前零時	42	b-15						
ひまわり娘	43	a-6						
総理大臣の恋文	43	a-7						
ある晴れた朝	43	a-13						
逃亡地帯	43	a-21						
抱擁	44	b-6						
安五郎出世	44	b-7						
夜の終り	44	b-11						
プーサン	44	b-13			46	b-20		

題名	脚本 号	脚本 頁	改訂版 号	改訂版 頁	映画 号	映画 頁	宣伝 号	宣伝 頁
妻	45	a-8						
青色革命	45	a-9						
花の中の娘たち	45	a-13						
七人の侍	45	b-7						
次郎長と石松	46	a-8						
母と娘	45	b-15						
福澤諭吉	46	a-7						
勢揃い清水港	46	a-10						
続思春期	47	a-12						
謎の人形師	47	b-7						

c—19

◎大映

題名	脚本 号	脚本 頁	改訂版 号	改訂版 頁	映画 号	映画 頁	宣伝 号	宣伝 頁
妖精は花の匂いがする	42	b-5						
腰抜け太閤記	42	b-6						
浅間の鴉	42	b-11						
十代の性典	42	b-13						
現代処女	43	a-8						
雨月物語	43	a-10						
決闘五分前	43	a-13						
トコ春じゃもの	43	a-21						
夕刊小僧	44	b-1						
怒れ三平	44	b-8						
花の講道館	44	b-14						

題名	脚本 号	脚本 頁	改訂版 号	改訂版 頁	映画 号	映画 頁	宣伝 号	宣伝 頁
獅子の座	45	a-8						
チャタレイ夫人は日本にもいた	45	a-9						
地獄太鼓	45	a-12						
悲恋椿	45	a-12						
慾望	45	b-5						
母波	45	b-6						
歌う女剣劇	46	a-7						
関の弥太っぺ	46	a-9						
再会	46	a-13						
続十代の性典	47	b-1						
黒豹（「上海の踊り子」の改題）	47	a-6	47					

C-20

題名	御本 号	頁	改訂 号	頁	試映 号	頁	宣伝 号	頁
暴力市街	47	a-7						
胡椒息子	47	a-8						
丹下左膳	47	b-4						
続丹下左膳	47	b-5						
木曽路の小守唄	47	b-12						

◎新東宝

題名	御本 号	頁	改訂 号	頁	試映 号	頁	宣伝 号	頁
親馬鹿花合戦	42	b-1						
珍説忠臣蔵	42	b-2						
名月赤城山	42	b-7						
煙突の見える場所	42	b-8						
権九郎旅日記	43	a-17			44	c-7		
アチヤコ青春手帖第三篇	44	b-6						
からくり街道	44	b-8						
愛の砂丘	44	b-7						
姫君と浪人	44	b-16						
銀二郎の片腕	45	a-14						
アジヤパー天国	45	b-9						
憲兵	45	b-10					46	b-24
近藤勇池田屋騒動	45	b-11						
もぐら横丁	45	b-16						

◎東映

題名	脚本 号	脚本 頁	改訂版 号	改訂版 頁	映画 号	映画 頁	宣伝 号	宣伝 頁
人生劇場第二部	42	–	42	a-5				
魚河岸の石松	42	b-3						
朝焼け富士(前)	42	a-12						
母子鳩	43	a-6						
韋駄天記者	43	a-10			44	c-7		
朝焼け富士(后)	43	a-11						
蛇と鳩	43	a-12						
鞍馬天狗疾風雲母坂	43	a-18						
赤穂浪士 女間者秘聞	44	b-2			45	c-13 (下)c-13		
七番街襲撃	44	b-15						
新書太閤記第一部	45	a-7						
山下奉文	45	b-1			46	b-22		
アチャコ、エンタツ ちゃんばら手帖	45	b-17						
子は誰のもの	45	b-8						
晴れ姿伊豆の佐太郎	46	a-5						
戦艦大和	46	a-11						
残波岬の血闘	46	b-4						
アチャコ青春手帖第四話	47	a-10						
通り魔	47	b-1						
刺青殺人事件	47	b-1						

c-22

題名	脚本 号	脚本 頁	改訂版 号	改訂版 頁	映画 号	映画 頁	宣伝 号	宣伝 頁
女難街道	45	b-9						
大菩薩峠 甲源一刀流	45	b-12						
むぎめし学園	45	b-15						
素浪人奉行	46	a-6						
大菩薩峠	46	a-14			46	b-22		
玄海の鶏	46	a-15						
お嬢さんワンマン社長	46	b-1						

◎その他

題名	脚本 号	脚本 頁	改訂版 号	改訂版 頁	映画 号	映画 頁	宣伝 号	宣伝 頁
親分の青春（東京映画）	42	b-4						
悲剣乙女桜（宝塚映画）	42	b-5	（「43 東海美女秘録」改題）	a-7				
絵本猿飛佐助（[illegible]プロ）	42	b-11						

題名	脚本 号	脚本 頁	改訂版 号	改訂版 頁	映画 号	映画 頁	宣伝 号	宣伝 頁
続魚河岸の石松	46	b-2						
暁の市街戦	46	b-3			47	c-11		
新書太閤記 桶狭間襲撃	47	a-10						
大菩薩峠第二部	47	a-11						
残侠の港	47	a-12						
源太時雨	47	b-5						
片目の魔王	47	b-11						

題名	脚本 号	脚本 頁	改訂版 号	改訂版 頁	映画 号	映画 頁	宣伝 号	宣伝 頁
テレビ狂時代（井上プロ）	43	a-8						
恋人のいる街（東京映画）	43	a-16						
泥血児（[illegible]プロ）	44	b-7			46	b-21		

c−23

題名	脚本 号	脚本 頁	改訂版 号	改訂版 頁	映画宣伝 号	映画宣伝 頁
怪盗火の玉小僧（宝塚映画）	44	b-15				
恐妻キュット節（新理研）	45	a-6				
旅はそよ風（宝塚映画）	45	a-10				
愛と死（中日映画）	45	b-6				
雲ながるる果てに（重宗プロ）	45	b-11				
続浮雲日記（東京映画）	45	b-16			47	c-11
あぶない年頃（新映）	46	a-10				
母は嘆わらず（テレビ映画）	46	a-13				
地獄の女たち（新大都映画）	46	b-5				
鉄の花束（中田プロ）	46	b-6				
蟹工船（現代ぷろ）	46	b-1				
白い三叉路（シネ・アートプロ）	46	b-8				
唄祭り八百八丁（新芸術プロ）	47	a-7				
お母さんの結婚（日映新社）	47	b-1				
ひろしま（日教組）	47	b-6				
トンチンカン八犬伝（宝塚映画）	47	b-8				
海の居候（ニューカレントプロ）	47	b-9				

◎新版

題名	脚本 号	脚本 頁	改訂版 号	改訂版 頁	映画宣伝 号	映画宣伝 頁
時代劇を作る人々 初姿剣の舞（大日本映画興業(株)）					42	c-15
初祝二刀流（大映）					42	c-15

c-22

鞍馬天狗黄金地獄（大映）					43	C+10		
伊那節仁義（東宝）					43	C-11		
剣雲三十六騎（大映）					43	C-11		
沖縄（オリオン興業(株)）					44	C-7		
激怒（労仂映画プロ）					44	C-8		
美女剣光録（大映）					44	C-9		
河童大将（大映）					44	C-9		
出世太閤記（日活）					44	C-10		
お馬は七十七万石（大映）					44	C-10		
鞍馬天狗 薩摩の密使（日活）					44	C-10		

結婚の倫理（三和映画社）					45	C-14		
剣劇女優とストリッパー（新大和映画）					45	C-14		
新編水戸黄門廻国記（日活）					45	C-14		
曉の鼓笛隊（大映）					45	C-15		
赤垣源蔵（日活）					45	C-15		
独眼龍正宗（大映）					46	B-20		
梅里先生行状記竜神剣（東宝）					46	B-20	47	C-12
浪曲忠臣蔵より元禄あばれ笠（東宝）					46	B-20		
ホルスタイン物語（昭映プロ）					47	C-11		

C-25

映画倫理規程審査記録第四十八号

昭和二十八年七月五日発行

発行責任者　池田義信

映画倫理規程管理部事務局
東京都中央区築地三ノ六（映連内）
電話　築地（55）二八〇二
〇六九六番

C－26

映画倫理規程審査記録

第49号

49

映画倫理規程

審査記録

28.7.1～28.7.31

映画倫理規程管理委員会

目次

管理部記事

○七月十日の管理委員会の席上　各社企画を検討した結果　所謂性問題　思春期を取扱った一連の作品が連続登場する気運に鑑み　審査態度の慎重さと共に　特に宣伝面に於ける刺戟的な表現につき過度に陥らぬよう審査の慎重な処置を要望されました。

○七月二十四日の管理委員会に於て　近く続出の傾向にある基地問題を取扱った作品の審査態度について改めて慎重に協議しました結果　その方針を次の如く決定致しました。

(イ)　基地問題を特殊の政治問題として取扱うことは避けたい

(ロ)　基地及びその周辺に於ける環境　風俗等の描写については社会えの影響性について特に考慮する

(ハ)　特にその問題に関する国民感情については考慮する

(ニ)　混血児の差別的待遇　これに対する偏見等は否定したい

a—1

審査脚本一覧

社名	題名	受付日	審査終了日	備考
新東宝 スタジオ8プロ	明日はどっちだ	六・二九	七・一	
新東宝 綜芸プロ	鞍馬天狗と勝海舟	六・二九	七・一	「鞍馬天狗疾風剣」の改題
東宝	青春銭形平次	六・二九	七・一	「若き日の銭形平次」の改題
新生プロ	薔薇と拳銃	六・二九	七・三	「不死人」の改題
新東宝	わが恋はリラの木蔭に	七・一	七・六	
松竹	君の名は	七・六	七・八	
〃	血斗利根の夕霧	七・六	七・八	「怒風利根の血煙」の改題
滝村プロ	人生読本 花嫁の性典	六・一五	／	
〃	改訂版	六・二四	七・八	「花嫁の性典」の改題
近代映協	モーパッサン「女の一生」より 女の一生	七・四	七・九	

a—2

東映	地雷火組	七 六	七 九	
松竹	二十四の瞳	七 一七	七 一四	
〃	長七郎捕物帖 若君逆襲す	七 一〇	七 一四	
大映	春雪の門	七 一一	七 一四	
東宝	赤線基地	七 一三	七 一五	
松竹	乙女のめざめ	七 一三	七 一五	「春のめざめ」の改題
新東宝	さすらひの湖畔	七 一一	七 一五	
大映	怪談佐賀屋敷	七 一四	七 一六	
宝塚	かっぱ六銃士	七 一五	七 一六	
東映	続々 魚河岸の石松	七 一三	七 一七	
〃	成熟前后	七 一六	七 二二	
松竹	鞍馬天狗 青面夜叉	七 一七	七 二二	
新東宝	半處女	七 二〇	七 二二	

a—3

大映	続々十代の性典	七、二〇	七、二二
文学座 新世紀映画	にごりえ	七、二一	七、二二
大映	地獄門	七、二二	七、二三
新映	秘めたる母	七、二二	七、二四
東映	青空大名	七、二一	七、二五
大映	砂絵呪縛	七、二三	七、二五
東宝	太平洋の鷲	七、二五	七、二九

a—4

◎新作品 …………………………… 二九

シナリオ数 ………………………… 三〇

内訳＝松竹 六、東宝 三 大映 五 新東宝 五

東映 四、新生プロ 一 滝村プロ 二（内改訂版一） 近代映協 一

宝塚映画 一 新映 一 新世紀映画 文学座 一

脚本審査概要

明日はどっちだ

新東宝
スタヂオ８プロ

製作　内山義重
原作　永井龍男
脚本　長谷川公之
演出補導　五所平之助
監督　長谷部慶治

殺人事件を追う新聞記者を中心に社会相の一断面を描く

青酸カリ及び青酸反応と云う言葉が出るしまた麻薬と云う言葉も出るが　この映画に関するかぎり害なきものと認められるし．必要と思われるので諒承することとし　これ以上に出ないよう演出上の注意を希望した（法律）

a—5

鞍馬天狗と勝海舟
（「鞍馬天狗疾風剣」の改題）

新東宝

製作　竹中美弘
原作　大佛次郎
脚本　高橋博
監督　池田富保

使命の旅に立つ勝安房を護る鞍馬天狗の奮戦記

希望事項なし

青春銭形平次
（「若き日の銭形平次」の改題）

東宝

製作　田中友幸
原作　野村胡堂
脚本　和田夏十
〃　市川崑
監督　市川崑

後日の捕物の名人の若き日　贋金造りの逮捕に活躍する物語

希望事項なし

薔薇と拳銃
（「不死人」の改題）

新世プロ

製作　兼松康吉
脚本　岸東助
監督　志村敏夫

暗黒街のギャングと潜入した警察官の対決を描く

これは第一稿として提出されたものであって　不日第二稿改訂本が提出される旨であるから　個々の問題はその時に譲って　全体的に懸念されることを注意し　この点を改訂して貰うことにした

(1)その第一は　この劇の背景となる一劃の街の存在である　これは勿論映画の上では　特定の場所名は最にかくし　あくまで仮定のところとはなる由であるが　それにしても現在の警察状態のもとで　かかる治外法権的な場所が　そのまま放置されてあるかのごとき印象を与えては困ると思われる

ことにこの劇の中の人物はその法的解決がついて劇が終っても　尚その街は依然そのまま残るかの感じがあり　かつ　その冒頭の解説台詞　或いは銃砲器を取り扱う店のありかた　銃砲器の取り扱いなど余りに法的に無関心な描きかたである　これは麻薬につい

a－7

ても同様である（法律）

(2) 不死人と云うジーメンの描き方や それをめぐるエピソードに 安易なヒロイズムがあり 教育上好ましいとは云えないところも散見するので これもいま少し細心に改訂せられたら好いと思われる（教育）

(3) 尚この街の住人が 特定外国人と思わせないように注意して欲しいと思う（国家）

以上の外は個々の点ではなお少くない注意があるが これは第二稿で十分に検討したい

わが恋はリラの木陰に	新東宝

製作　伊藤基彦
原作　中山正男
脚本　井上梅次
監督

北海道の大自然を舞台にアイヌ救済に挺身する若き医師と牧場の娘の悲恋を描く

希望事項なし

a—8

君の名は	松竹

製作 山口松三郎
原作 菊田一夫
脚本 柳井隆雄
監督 大庭秀雄

一たび知った愛情の故に相慕いつゝも結ばれぬ恋の漂泊を戦後の社会相を背景に描く

(1) 勝則は厚生省弘報課長と云うことになっているが之は特定の実在人物を指すことになるので改訂して戴きたい（社会）

(2) 海女の描写は演出上注意されたい（シーン48）（風俗）

血斗利根の夕霧（「怒風利根の血煙」の改題）	松竹

脚本 田畠恒男
監督 堀内真直

笹川・飯岡の勢力争いに身を終る洲の崎の政吉の悲劇

a—7

(1) 愁風「利根の血煙」の血煙は好ましからず改題を希望（法律）
(2) 政吉とお千代の恋愛関係に演出の重点を置き　やくざの生態を演出する方はさらに簡略にやって戴きたい（社会）

人生読本 花嫁の性典（「モーパッサン「女の一生」より花嫁の性典」の改題）	滝村プロ

製作　滝村和男
脚本　浅野辰雄
〃　若井基成
監督　仲木繁夫

新婚の夫婦の生活を描いて愛情に結ばれた結婚の幸福を説く

花嫁の心理経験を通して　見合　新婚旅行を経　正常な結婚生活の幸福を把む過程を描かんとする製作意図に難はないが　提出された脚本の限りでは聊か描写が性愛一方に傾きすぎる嫌らが見られたので　この点に関し第二次　第三次改訂版が作成　提出された　併し依然　疑問は残ったので総ラッシュを以て脚本審査に代えた結果　次の諸点につき改訂を希望した

(1) シーン25　相擁する男女の接吻は短縮する（風俗）
(2) シーン31　蛇男の描写は醜汚を避ける（風俗）

a―10

(3) シーン41 湖畔の心中死体の描写は できうる限り簡略化する（社会）
(4) シーン46 蛇男が牧江を襲う描写は限度を超えて猥雑にわたらぬようにする（風俗）
尚 題名「花嫁の性典」は協議の結果 製作者側に於て上記の如く改題を申し出でられた
のでこれを諒承した

モーパッサンの女の一生より 女の一生	近代映協 新東宝

製作 吉村公三郎
脚本
監督 新藤兼人

舞台を昭和年代にとり男性に裏切られつゝ時代と家庭の苦難の中に戦って行く女性の
姿を描く

(1) シーン40 床入りの寝所 及びシーン50・52の寝室場面は最大限蒲団の見える次の間程
度の芝居にして欲しい（風俗）（二ヶ所）
(2) シーン97 産室は演出注意 （風俗）
(3) シーン87 特高の登場があるが 現在の警察制度と錯覚せしめないよう 極力時代色の
描出に留意されたい（法律）
(4) その他 登場人物（徳平・ゆき・とら等）が屡々裸体で現われるが限度を超えた裸体

でないようにありたい（風俗）

地雷火組	東映

企画 高村将嗣
〃 大森康正
原作 大仏次郎
脚本 鏡二郎
監督 並木鏡太郎

維新の京洛を舞台に地雷火の、秘密の争奪を描く活劇物

希望事項なし

二十四の瞳	松竹

製作 桑田良太郎
原作 壺井栄
脚本
監督 木下恵介

小豆島の浜辺に二十年の歳月を通じて結ばれた女教師と十二人の生徒たちの美しく強い愛情を描く

希望事項なし

長七郎捕物帖
若君逆襲す　松竹

製作　杉山茂樹
原作　村上元三
脚本　若尾徳平
監督　酒井辰雄

豊臣残党を名乗る一味の陰謀を暴く松平長七郎の活躍物語

希望事項なし

春雪の門　大映

企画　塚口一雄
原作　富田常雄
脚本　館岡謙之助
監督　佐伯幸三

柔道錬達の青年をめぐる明治物ラヴ・ロマンス

希望事項なし

と−1

赤線基地	東宝

製作　田中友幸
脚本　谷口千吉
〃　木村武
監督　谷口千吉

帰還の一青年の心境を通じて富士山麓基地の風俗図を描く

(1) 脚本の上では大過ないと思うが　演出如何によっては国際感情と云う面で面白からぬものが現われてくる虞れがあるので　作品全般に亘って　慎重な演出を希望（国家）

(2) 杉男（次男）が健吉（三男）のヒロポン密売に無関係であることを　もっと明らかにすること　杉男が公吏であるだけに尚更である（シーン14等）（法律）

(3) シーン67　由起子の台詞の中「……口惜しかったらあんた何故戦争に勝ってアメリカ娘のパンパン買わないのよ」（国家・性）「……一晩に何人もタイムで客をとるの…………」は共に改訂を希望（性・法律）

乙女のめざめ（「春のめざめ」の改題）	松竹

製作　山口松三郎
原作　常安田鶴子
脚本　椎名利夫
監督　荻山輝男

思春期の女学生の生活群像の中に性の倫理を描く

(1) シーン2・3・4　ヴァンデ・ヴェルデの"完全なる結婚"と云う本のことが　三個所ばかり出てくるが　この本は実在の本であり　見方に依れば健全な本であるが　この映画に出てくるような女性徒が読むべき本ではないし　それが同年輩の観客に一種の刺戟を与える恐れがあると思われるので　架空のものに変えて欲しいと希望（教育）

(2) シーン75　三人の女と男学生の会話に"性慾の本能""性慾の道具""性慾なんか"等の言葉があるが　やゝ露骨なる感じがするので　もう少しやわらいだ言葉に変えて欲しい（風俗・教育）

(3) シーン79　ホテルで女中が寝室を用意する会話は　風俗の條項に照してやや常識を逸脱の観があるし（風俗）時江（少女）を人身御供にする（未遂ではあるが）と云う残酷さ及び人身売買手段の教唆とも見られる（残酷・法律）
この場面はシーン90に於ける時江の母親の「たかが男と一緒に寝るくらい」と云う言葉に相応する（風俗・残酷）
以上それぞれの観点から適宜に改訂されたい

(4) シーン37の帝王切開手術（残酷）
シーン73の時江が裸体で泳ぐところ（風俗）

シーン128の少女の行水（風俗）
以上の三場面は演出上注意されたい

さすらひの湖畔	新東宝

青年画家をめぐる師弟の情と恋愛のロマンス

希望事項なし

製作　児井英生
原作　北條誠
脚本監督　渡辺邦男

怪談佐賀屋敷	大映

企画　菅沼完二
脚本　木下藤吉
監督　荒井良平

鍋島の猫騒動を描く怪談物

血あるいはそれについての演技が全体に時々出るが　過度に刺戟的でないように演出注意のこと（法律）

なお自害のシーンは脚本どおり短刀を抜いたところでとめられたい旨念のため申添えた（社会）

かっぱ六銃士	宝塚映画

脚本　八住利雄

監督　斉藤寅次郎

R－5

河童の国を舞台とする現代諷刺の喜劇

希望事項なし

※　　※　　※

◎ 以下の審査結果については 倫理規程各項目の該当條項番号を明記する

續々 魚河岸の石松	東映

企画 三上訓利
原作 宮本幹也
脚本 笠原良三
監督 小林恒夫

魚河岸の名物男の活躍を描く物語 第三篇

まず個々の点では次のことを訂正或いは注意を希望した

(1) シーン7以下に出る海女は裸体でないように (風俗2)

(2) シーン26に出る駆落の相手が(十八年前と云うことになっているが)実在名にまぎらわしい市川男女之助となっているのを代えて貰いたい (国家及社会1)

(3) 〆蝶が洋酒を(マラスキーノ)としやれるのは 卑猥な隠語とまぎらわしいので止めて欲しい (風俗1)

(4) シーン41 石松の台詞の中の「男にゃ生れつきのが一挺ありゃ沢山だ」とピストルの貸与をことわるのも 止めて欲しい (風俗1)

(5) シーン58の終りで シン子がわざわざ(洋モク)を出すとあるのは 却って誤解をまね

く恐れあり　日本製のものに代えて欲しい（法律１）

(6) シーン60　シン子の台詞「あたしの肉体を時折貸してあげるわよ」は止めて欲しい
（風俗１）

この後半シーンで　かくれるために　石松とシン子が同じ布団の中にもぐる件　全体的に猥雑な印象のないよう特に注意し　それを強調しないで欲しい（風俗２）

(7) シーン69　シン子の台詞の「肉体まで許しやしないわ」の「肉体」は「そんな簡単に云うことききはしないわ」と云ったものに代えて欲しい（風俗１）

(8) シーン79　シン子の台詞中の「青酸加里」の薬名は止めて欲しい（法律１）

(9) シーン80　お姫様の〈半裸の姿〉とあるは　演出上注意のこと（風俗２）

尚　全体に亘っては　かかる題材のものであるだけに　逸脱のないように注意して欲しいことを併せて希望した

成熟前後	東映

企画　金平軍之助
　　　加藤遵
原作　小島政二郎
脚本　舘岡謙之助
監督　春原政久

若い女工が都会に出てさまざまの境遇を経ながら描き出す恋愛ロマンス

8－7

冒頭の湖での水泳は演出上注意されたい（風俗２）

鞍馬天狗青面夜叉

松竹

製作　小倉浩一郎
原作　大仏次郎
脚本　鈴木兵吾
監督　中村登

維新の京洛を舞台とする鞍馬天狗活躍物語

希望事項なし

半処女

新東宝

製作　坂上静翁
脚本　赤坂長義
〃　岸松雄
監督　内川清一郎

さまざまの境遇にある若人たちの明るい生活を彩る恋愛の哀歡を描く

(1) シーン6　「第二の性」が出て来るが　女子高校生が此の種の本に興味を持つことは教育上問題の多い点があると思われるので　書名は出さぬことにしたいと希望した（教育2）

(2) シーン28　靖子の友達（女子高校生）の云う言葉「芸者だって処女は高いのよ」は売春を肯定した意味もあり　削除を希望（性2）

(3) シーン29　禿げた親爺が冗談に芙代のお尻をなぜる動作は止めて戴きたい（風俗1）

(4) シーン21　教室に於ける教師と生徒間の会話は　性に関したところは特に慎重に表現し聊かも卑猥な感じを出したり、ふざけた感じを出さぬよう演出されるよう希望（性1）

続々十代の性典　大映

企画　土井逸雄
脚本　須崎勝弥
監督　小石栄一

若き日のあやまちを若い心の激しい反省と努力によって浄めようとする青春の群像を描く

(1) シーン14　守夫の台詞の中に「何しろ今の若い女に二十過ぎて処女は一割五分もいないって云うからな云々」とあるところ　これは今の若い女の感情を害すること甚だしきも

のであろう　削除或は改訂を希望する（国家及社会　３）

(2) シーン21　字夫の台詞のうち「と結局戦争と云うのは相手国の女を征服することらしいよ　その意味でも日本なんて完全に敗けさ」及び「日本男子は何処に向って女性獲得の為の侵略戦争を始めるか分かったもんじゃないよ」の一部を改訂し国民感情を害する感じを避けて欲しい（国家及社会　３）

(3) 字夫が節子を暴力で抱擁するシーン（シーン70）は極力刺戟的な演出を避けて戴きたい　少年少女の現実生活を出来るだけ清潔に描こうと云う製作意図からしても　このシーンは十分注意して戴きたいと思う（風俗２）

にごりえ	文学座 新世紀映画社

企画　文学座
製作　伊藤武郎
原作　樋口一葉
脚本　水木洋子
〃　井手俊郎
監督　今井正

樋口一葉の日記により　その作品「十三夜」「大つごもり」「にごりえ」の三篇を綴る

希望事項なし

製作　永田雅一
原作　菊池寛
脚本
監督　衣笠貞之助

地獄門	大映

平治の京を背景に袈裟と盛遠をめぐる恋愛悲劇を描く

希望事項なし

脚本　黒川清司
〃　原聰
監督　小田基義

秘めたる母	新映

幼き日に人手に渡したわが子を救うために罪を犯す生みの母の悲劇

希望事項なし

ホ—11

青空大名　東映

企画　玉木潤一郎
脚本　伊勢野重任
潤色　結束信二
監督　萩原遼

山賊の群にまぎれこんだ侍がまき起す諷刺喜活劇

例えば江戸時代の如く時代背景となるものがすでに一応社会的秩序の整った時代であっては　かかる盗賊を無批判に扱われては困るので　戦国時代の如く　一国一城の主も　盗賊もその判別の不分明な時代として描いて欲しいことを特に注意し（法律１）
なお終りの部分で鳳介が自分達の行動に対してせめて批判的な懐疑ぐらいは持って欲しい故　そのように台詞なり行為なりで訂正を加えて欲しいことを望んだ（法律１）

砂絵呪縛　大映

企画　宮田豊
原作　土師清二
脚本　八尋不二
監督　安田公義

柳沢の陰謀事件をめぐる正邪の葛藤を描く時代活劇（前篇）

希望事項なし

太平洋の鷲	東宝

製作　本木荘二郎
脚本　橋本忍
監督　本多猪四郎

太平洋戦争に於ける山本五十六大将の思念と行動を描く

提出された脚本には　製作本部長自らの署名ある製作意図が附されてあるが　誠にもっともなる意図で何らこれについて加言すべき点もない程に当規程の精神にもよく合致するものであって脚本或いは完成映画がもしこの意図に完全に沿う結果のものであるなら　何ら問題とすべきもの或いは無いと云えるであろうが　しかしその良き意図の十分に出ていないかに見える点もあると考えられるので　次のような條項について関心を払って戴きたい旨を伝えた

(1) シーン73 練習機に搭乗する少年航空兵の件　シーン85・87・88 機動部隊出航状況の件　シーン95 赤城の飛行甲板Z旗と少年航空兵（ここの「皇国の興廃この一戦にあり」「各員一層奮励努力せよ」の叫びは効果を考えろと好ましいと云えないから訂正希望）の件　シーン97・98 真珠湾攻撃とその結果の件　シーン144・145・146・147 攻撃機隊友永大尉の件　等々はともすれば本映画の主題をはずれて戦争に対する美化　刺戟的な悲壮美に傾きかねないと心配される　これは件数の音楽効果ともあわせ考慮して　戦争讃美にならぬよう演出上注意して欲しい　要は　これらの効果は完成映画でしか確言出来ない点もある

と思われるので　これを含んでおいて戴きたい（国家４）（五ヶ所）

（２）シーン18　大佐の台詞の中の「……明治以来何十何百万かの日本人の血を流したことか……」の部分は除いて欲しい　尚現在でもあやまった印象を与えかねない点を恐れる故である（国家４）

（３）二国同盟（シーン56以下）より日米図上作戦演習（シーン63）に至る間に　親米的と云われていた山本司令長官が日米戦を肯定しなければならなくなる描写　即ち「アメリカとどう戦うのだ……アメリカと……」のナレエションに至るまでの自身の心理　それはシーン56末尾の三行の描く長官　或いはシーン62後半などに描かれうるものと想像されるが　これは演出上注意して　このシナリオの描くが如き強調を忘れないで欲しい（国家４）

シーン85の軍艦マーチのあるシーンは適度にとどめられたい（国家４）

（４）真珠湾攻撃直後よりのシーン101あたりに及ぶシーンの音楽は　軍国主義讃美の印象を与えぬよう心して戴きたい　これは同時にシーン144より147当りに及ぶシーンにも同様であり　また云えばこれは全篇に音楽演出に注意して戴ければ幸いである（国家４）（二ヶ所）

（５）宣伝……予告篇は　製作本部長の製作意図を体して当られたいと思う

以上の諸点を希望し　伝えて戴くことにする

審査集計

規程條項	関係脚本題名及希望個所数		集計
1 国家及社会	「薔薇と拳銃」	1	20
	「君の名は」	1	
	「血斗利根の夕霧」	1	
	「人生読本 花嫁の性典」	1	
	「赤線基地」	2	
	「怪談佐賀屋敷」	1	
	「続々魚河岸の石松」	1	
	「続々十代の性典」	2	
	「太平洋の鷲」	10	
	「明日はどっちだ」	1	

c—1

2	法律	「薔薇と拳銃」	1	12
		「血斗利根の夕霧」	1	
		「女の一生」	1	
		「赤線基地」	2	
		「乙女のめざめ」	1	
		「怪談佐賀屋敷」	1	
		「続々魚河岸の石松」	2	
		「青空大名」	2	
3	宗教	希望事項なし		0
4	教育	「薔薇と拳銃」	1	4
		「乙女のめざめ」	2	
		「半処女」	1	

(—2

○希望事項総数……六六

5	風俗	「君の名は」	1	23
		「人生読本 花嫁の性典」	3	
		「女の一生」	4	
		「乙女のめざめ」	5	
		「続々魚河岸の石松」	7	
		「成熟前後」	1	
		「半処女」	1	
		「続々十代の性典」	1	
6	性	「赤線基地」	2	4
		「半処女」	2	
7	残酷醜汚	「乙女のめざめ」	3	3

ー3

審査映画一覧

○劇映画

審査番号	題名	会社名	巻数	呎数	製作	企画	原作	脚本	監督	主演
一〇八一	次郎吉娘	松竹			市川哲夫		邦枝完二	鈴木兵吾 永江勇	酒井辰雄	若杉英二 紙京子
一〇三五	美貌と罪	〃	一一	九、二七二	山本武			植草圭之助	岩間鶴夫	淡島千景 高橋貞二
一〇七八	若旦那の縁談	〃			桑田良太郎			津路嘉郎	穂積昌利	若杉英二 榎本美佐江
一〇五三	純潔革命	〃	一〇	八、七六六	石田清吉			沢村勉	川島雄三	大木実 小林トシ子
一〇六〇	旅路	〃	一二	一〇、六〇八	大町竜夫		大佛次郎	池田忠雄	中村登	佐田啓二 岸恵子
一〇八六	ぶらりひょうたん シミ抜き人生	〃			長島豊次郎		高田保	椎名利夫	野崎正郎	三橋達也 幾野道子

— 4

一〇七三	亭主の祭典	東宝			山本紫朗			八住利雄	渡辺邦男	森繁久弥 藤間紫
一〇八〇	人生読本 花嫁の性典	滝村プロ	五	四、四〇四	滝村和男			浅野辰雄 若井基成	仲木繁夫	片山明彦 左幸子
一〇四八	金さん捕物帖 謎の人形師	東宝	九	八三一四	滑川峰輔			高木恒穂	中川信夫	大谷友右エ門 八千草薫
一〇七六	花の喧嘩状	大映	九	七、五四八		亀田耕司	大塚稔	泉次郎吉	田坂勝彦	長谷川一夫 山根寿子
一〇七九	新江の島悲歌	〃	一〇	八、五〇〇	根岸省三		大林清	笠原良三	小石栄一	根上淳 南田洋子
一〇五八	木曽路の子守唄	〃	一〇	八、二〇〇		高桑義生	荻原四朗	木下藤吉	加戸敏	黒川弥太郎 伏見和子
一〇六六	名探偵アジャパー氏	新東宝	一〇	八、六九〇	杉原貞雄		あおいきくらぶ	笠原良三	佐伯幸三	伴淳三郎 星美智子
一〇五七	野戦看護婦	〃	一〇	八一八九	児井英生		安斉貞子	野村浩将	野村浩将	中山昭二 南風洋子
一一〇二	さすらひの湖畔	〃	九	七、一九二	児井英生		北條誠	鈴木兵吾	渡辺邦男	中山昭二 折原啓子

C—5

一〇九二	明日はどっちだ	スタヂオ8プロ 新東宝	一一	八、七二一	内山義重		永井鍵男	長谷川公之	長谷部慶治	舟橋元 吉川京子
一〇一五	玄海の鰐	東映	一一	八、九七二		加賀四郎	原千秋	小川正	小杉勇	河津清三郎 日高澄子
一〇四〇	残侠の港	〃	九	八、一一一		栄田清一郎	火野葦平	佐伯清	佐伯清	大友柳太郎 花柳小菊
一〇七四	死の追跡	〃				岡田寿之		小川正	鈴木英夫	岡田英次 久我美子
七五四	処女の性教室	ラヂオ映画			今村貞雄					
一〇一二	嘘	テレビ映画	七	六、〇八〇	関孝司			岡田豊	佐藤武	安部徹 三宅邦子
一〇七二	花の舞扇 岩室情話より	ジャパン映画					大天錦邦	津路恵子	石山稔	

○予告篇

一〇六〇―T	松竹製作ニュース 第一二一号	松竹	旅路
一〇五四―T	〃 第一二二号	〃	あばれ獅子
一〇四八―T	金さん捕物帖 謎の人形師	東宝	
一〇五九―T	白魚	〃	
一〇七六―T	大映ニュース 第二七一号	大映	花の喧嘩状
一〇六四―T	大映ニュース 特報	〃	あにいもうと
一〇七九―T	〃 第二七二号	〃	新江の島悲歌
一〇五八―T	〃 第二七四号	〃	木曽路の子守唄 祇園囃子（特報）
一〇六四―T―二	〃 第二七五号	〃	あにいもうと
一〇五七―T―二	野戦看護婦	新東宝	第二報
一一〇二―T	さすらひの湖畔	〃	
一〇九三―T	鞍馬天狗と勝海舟	〃	

一〇六一-T	東浪人奉行	東映		
一〇一五-T	玄海の鰐	〃		
一〇四〇-T	残侠の港	〃		
一〇七四-T	死の追跡	〃		
一〇九七-T	地雷火組	〃		

○株映短篇

E-六六八	神奈川ニュース NO 58	神奈川ニュース映画協会	一	
E-六九七	〃 NO 59	〃	一	
E-七〇一	大分県ニュース 水害特報	大分県弘報課	一	
E-六六八	札幌市政だより NO 4	北日本映画	一	一五七
E-七一五	茨城県ニュース No 一一一	茨城県弘報課	一	
E-五三七	小人の實話	渡部プロ	三	二五〇〇

c—8

E-六六九	幸福する番人	大阪日日新聞社			
E-六二九	皇太子さま外遊記	日映新社			
E-六九一	未成年	三井芸術プロ	五		
E-六九六	大豪雨 北部九州を襲う	新理研	二	一五〇〇	
E-七〇五	ムービーアド 一家揃って	電通	一		
E-六九八	花形歌手 七つの歌	大映	三	二六一七	
E-七〇六	故阪東妻三郎 関西映画人葬実況	松竹	一	三五一	

○スポーツニュース

P-二六七	ムービータイムズ 第二六七号	プレミア			
P-二六八	〃 第二六八号	〃			
P-二六九	〃 第二六九号	〃			

番号	題名	社名	巻数	呎数	備考
P—二七〇	ムービータイムズ 第二七〇号	プレミア			
P—二七一	〃 第二七一号	〃			

○新版

番号	題名	社名	巻数	呎数	備考
S—一六七	エンタツ・アチャコ 腰抜け 武勇伝	東宝			脚本 監督 石田民三
S—一六八	無法松の一生	大映	九	七三九七	製作 中泉雄光 原作 岩下俊作 脚本 伊丹万作 監督 稲垣浩 昭和十八年十月製作
S—一六九	怪傑紫頭巾	東宝			原作 寿々喜多呂九平 脚本 八尋不二 製作 企画 監督 マキノ雅弘

c—10

○完成映画数……二二本

内訳＝松竹六　東宝二　大映三

新東宝四　東映三　その他四

○それらの予告篇……一七本

内訳＝松竹二　東宝二　大映五

新東宝三　東映五

○併映短篇映画……一三本

○スポーツ、ニュース……五本

○新版……三本

○映画カット希望件数……七件

C—11

映画審査概要

○次郎吉娘　松竹

審査終了の脚本とかなり改訂された脚本になっているが　その為　ラストの法的解決にやゝ明確を欠くに至った点を遺憾とする　このまゝでも好いと思うが　かゝる変更がある時は　中間報告としてでもせめてその改訂版を事前に提出されたいと　どんな不慮な結果も生じないとは断じがたく　これは製作者側の責任となることであろうから　今后も注意してほしい旨を伝えて貰うよう依頼した

○純潔革命　松竹

四巻目　温泉浴場の裸体二カット　風俗上の点で　及び九巻目の妊娠中絶に関する医師の台詞が　法的に却って誤解をまねく恐れあるので　冒頭の「断るね！」と云う断定たる調子の部分を除いて貰った　（計六呎）

○花の喧嘩状　大映

第七巻及び第九巻の殺し場のカット残酷過度な点で一部削除希望し実行された（四呎）
尚シーン9裏山で寅がおもんに挑む演出に聊か過度にわたるものがあったが今后は更に慎重を期する旨製作者側より確認を求むるにとゞめた

○明日はどっちだ　スタヂオ8プロ 新東宝

青酸化物及び麻薬の呼称は脚本にある程度にされたい旨希望したが映画ではやゝ多くなっていたのは遺憾であった

○死の追跡　東映

七巻目肉体に射込まれた拳銃弾摘出のところ残酷な点で一部（十一呎）削除希望し実行された

○處女の性教室　ラヂオ映画

女の裸身（横）の陰毛の出るところ削除を希望し実行された

宣伝広告審査概要

◎ 審査終了した宣材料

スチール……五二二枚
ポスター……三六枚
プレス……三三枚
撮影所通信その他……五七枚

該当希望事項なし

各社封切一覧

封切月日	審査番号	題名	製作会社	備考
松竹				
七月一日	一〇六三	朱天横丁	松竹	
	一〇二〇	決闘	〃	
七月八日	一〇三六	雪間草	〃	
	一〇八一	次郎吉娘	〃	
七月十四日	一〇三一	ひばり捕物帖 唄祭り八百八丁	〃	
	一〇七八	若旦那の縁談	〃	
七月二十二日	一〇五三	純潔革命	〃	
七月二十九日	一〇六〇	旅路	〃	

C—15

東宝			
七月一日	一〇四一	続思春期	東宝
七月一日	一〇三九	お母さんの結婚	日映新社
七月八日	E－一六七四	都会の横顔	東宝
七月二十二日	S－一六九	怪傑紫頭巾	東宝
七月二十二日	S－一六七	エンタツ・アチャコ 腰抜け武勇傳	東宝
七月二十九日	一〇四八	金さん捕物帖 謎の人形師	東宝

大映			
七月一日	一〇四五	丹下左膳	大映
七月一日	S－一一四〇	河童大将	大映
七月七日	一〇一六	再会	大映
七月十四日	一〇七六	花の喧嘩状	大映

C―16

七月二十二日	八〇〇	望郷《モンテンルパ》の歌	重宗プロ
七月二十九日	一〇七九	新江の島悲歌	大映
	S-一六八	無法松の一生	〃

新東宝

七月一日	一〇五六	白鳥の騎士	新東宝
	S-一二四	荒獅子	
七月十七日	一〇六六	名探偵アジャパー氏	新東宝
七月十五日	一〇五七	野戦看護婦	〃
七月二十二日	一一〇二	さすらひの湖畔	〃
七月二十八日	一〇九二	明日はどっちだ	〃

C—17

東映

七月一日	一〇四四	源太時雨	東映
七月八日	一〇一五	玄海の鰐	〃
七月十四日	一〇〇六	素浪人奉行	〃
七月二十二日	一〇四〇	残侠の港	〃
七月二十八日	一〇七四	死の追跡	〃

映画倫理規程審査記録第四十九号

昭和二十八年八月十日発行

発行責任者　池田義信

東京都中央区築地三ノ六

映画倫理規程管理部事務局

電話築地(55)二八〇二
〇六九六番

映画倫理規程審査記録

第50号

50

映画倫理規程

審査記録

28.8.1〜28.8.31

映画倫理規程管理委員会

目次

管理部記事

○最近各社の宣伝材料及び新聞広告を審査するに当り　作品の製作意図と背馳し　不必要に刺戟的な字句や構図を使用したものが散見される実状にあり　顧慮を要するので八月廿八日の管理委員会の席上　諸種の資料を検討した上その審査方針を研究決定致しました

「宣伝は映画の製作意図及び作品内容に基いてなされるもので　これらの点を無視し　又は極端に歪曲するようなものは避けなければならない」

審査はこの線に沿って一層の慎重を期すると共に　各社宣伝部に対して更に一段の協力方を要望することとなり　その処置を取りました。

a—1

審査脚本一覧

社名	題名	受付日	審査終了日	備考
大映	地の果てまで	七、三〇	八、三	「夜よ降る星の如く」の改題
宝塚映画	かっぱ六銃士 自主改訂版	八、一	八、三	
太洋映画	地獄の花	七、三〇	八、四	
松竹	東京マダムと大阪夫人	七、三〇	八、五	
新芸術プロ	次郎長一家罷り通る	八、一	八、五	
松竹	山を守る兄弟	七、二九	八、五	
東京映画	夕立勘五郎	八、五	八、七	
宝塚映画	喧嘩駕籠	八、五	八、七	「じゃじゃ馬剣法」改題
東映	「浪人横丁」より 神変あばれ笠（前篇）	八、四	八、八	
〃	〃 （後篇）	八、四	八、八	

2 — 2

東映	早稲田大学	七、一三		
〃	改訂版	八、八	八、一〇	改訂第二稿
大映	浅草物語	八、一〇	八、一二	
松竹	花の生涯	八、一〇	八、一二	
松竹	沖繩健児隊	八、一〇	八、一二	
東映	ひめゆりの塔姉妹篇 健児の塔	八、一〇	八、一三	
第一映画 全逓信従業員組合	赤い自轉車	七、二九	八、一四	
大映	血闘	八、一二	八、一五	
新東宝	若様侍捕物帖 江戸姿一番手柄	八、一二	八、一五	
大映	続砂絵呪縛 雪女郎	八、一三	八、一五	「続砂絵呪縛」の改題
東映 新生プロ	薔薇と拳銃 自主改訂版	八、一一	八、一五	「不死人」の改題
東宝	太平洋の鷲 自主改訂版	八、一九	八、二六	
新東宝	青春ジャズ娘	八、二六	八、二七	

新東宝	すッ飛び千両旅	八、二六	八、二七
東宝	次郎長三国志第五部	八、二八	八、三一
東宝	誘蛾燈	八、二八	八、三一
大映	黒帯嵐	八、二六	八、三一

◎新作品……………………二三

シナリオ数……………………二七（内改訂版四）

内訳－松竹　四　東宝　三（内改訂版一）　大映　五

新東宝　三　東映　五（内改訂版一）　宝塚映画　二（内改訂版一）

太洋映画　一　新芸術プロ　一　東京映画　一　第一映画・全逓信従業員組合　一

東映・新生プロ（改訂版一）

脚本審査概要

地の果てまで
（「愛よ降る星の如く」の改題）
大映

企画　米田　治
原作　ドストエフスキー
脚本　新藤兼人
監督　久松静児

現代社会の苦悩の中に生れた若い学生の犯罪と　その魂を救う少女の純粋の愛を描く

（1）シーン49　線路際の空地に立っている万里に酔った男達が話しかけている台詞の中の「オールナイトといきますかね」を止めて欲しい　（風俗1）

（2）シーン62　パン助宿のマリの部屋へ夏雄が入って来た時　すでに客の帰ったあとを思わす描写があまり如実に出ないよう注意して欲しい　（性2）

（3）シーン71　公判廷に於ける夏雄の陳述の中の殺人現場の描写の台詞に　もしそれに相応するシーンが入るなら　残酷感の過度に出ないよう注意して欲しい　（法律1）

（4）シーン84　以后の囚人の護送は　シナリオでは（囚人編笠　手錠　一つのロープでつなぎ

合わされた五人の四人〉とあるが　現行とやゝ異なるので　成可く現行に従ってやられることが望ましい。たゞ劇的なラストの雰囲気として一應分らないでもないが　これは製作者側の裁断にまかせたい（法律２）

かっぱ六銃士
（自主改訂版）

宝塚映画

脚本　八住利雄
監督　斉藤寅次郎

かっぱの国を舞台とする現代諷刺喜劇

内容が第一稿と可成改変されたものとなったので次の如く新しく希望した
(1) 大博士の台詞の中のアメシヨン（シーン６）は別の言葉に改訂して欲しい……アメリカへ小便をしに行くと云う意味らしい……（教育２）
(2) 淳三の台詞の中の「ふゝ遊びましようよ　シヨートタイム」（シーン12）のシヨートタイムは風俗上好ましからず　改訂して欲しい　或は削除して貰いたい（風俗１）
(3) 淳三の台詞の中の「ボクの国　物質の国　とても金持ですよ　ボクの国の一円　カッパ

の国の三百六十円位ですよ」の三百六十円は現実適確に近い話になるから　国民感情の点から改訂が望ましい（国家及社会３）

(4) 寝室のシーン（シーン32）は風俗上の点を十分注意して演出して戴きたい（風俗２）

(5) シーン69の沼のほとりに於ける「接収絶体反対」その他のプラカードはこれも現実の話に対照的な感じでもあるので　国民感情の点を考慮して改訂して貰いたい（国家及社会３）

附記

なお　河童と人間の混血児の話が出て来るが　これはこの話が全然架空のものの感じであるし　又全篇前述の如く現実の話に対照的な感じを極力避けていることでもあるので　敢て（性１）に該当するものとはしなかった

地獄の花	太洋映画

脚本　中原龍太

監督　原千秋

只見川発電工事の現場を背景に愛情と正邪の葛藤を描くメロドラマ

希望事項なし

東京マダムと大阪夫人	松竹

製作　山口松三郎
原作　藤沢桓夫
脚本　富田義朗
監督　川島雄三

社員住宅の生活にかもし出される競争意識と恋と人情の明朗諷刺劇

希望事項なし

次郎長一家罷り通る	松竹

製作　福島通人
脚本　松浦健郎
監督　堀内真直

次郎長一家の活躍を唄と喜劇調で綴る物語

希望事項なし

4—8

山を守る兄弟　松竹

製作　小倉浩一郎
企画　福島通人
原作　大佛次郎
脚本　中山文夫
監督　松田定次

伝来の山を守って悪人と斗う兄弟の苦心を描く時代活劇

希望事項なし

夕立勘五郎　東京映画

製作　加藤譲
脚本　松浦健郎
〃　土井岡太
監督　滝沢英輔

江戸の侠客夕立勘五郎が義父を殺した暴漢を懲す物語——浪曲物

（シーン33）の「仇討免状」及び（シーン76）の勘五郎の台詞「仇を叩っ斬れ！」は然るべく改訂して戴きたいと希望した
この点さえ改訂されゝば 勘五郎たちが大河原（勘五郎の義父を殺した男）を斬る話も仇討と云う点では倫理規程上問題にはならないと思う （法律3）

喧嘩駕篭 （「じゃじゃ馬剣法」の改題）	宝塚映画

脚本　高木恒穂
監督　冬島泰三

勇壮驕慢な姫君と仲間に化け込んだ未来の婿殿をめぐるじゃじゃ馬馴らしの時代活劇

希望事項なし

6－2

"浪人横丁"より
神変あばれ笠
（前篇）

東映

企画　大森康正
原作　山手樹一郎
脚本　木下藤吉
監督　渡辺邦男

風雲の幕末を背景としてお家騒動の渦中に活躍する快青年の物語

(1) シーン12　（居留地の中）京介が外国水兵を投げる処は演出注意を希望　（国家及社会3）

(2) シーン20　（廊下）番頭の小に関係のある台詞も訂正希望　（国家及社会3）

"浪人横丁"より
神変あばれ笠
（后篇）

東映

企画　大森康正
原作　山手樹一郎
脚本　木下藤吉
監督　渡辺邦男

1—3

風雲の幕末を背景としてお家騒動の渦中に活躍する快青年の物語

(1) シーン218 (寺本堂)の後半 和尚が「ようしい わしが許した全部叩っ斬れ」以下の
和尚の扱いは改訂を希望 (宗教2)

早稲田大学
東映

企画 マキノ光雄
岩井金男
原作 尾崎士郎
脚本 八住利雄
監督 佐伯清

早稲田大学の歴史を通じて日本思想変遷の跡を描く

(1) シーン108 大助の台詞で「……それでやったのかい?」と恋愛関係の進展につき圭吉に
向う件りは 聊か卑俗にすぎる嫌にあるかと思われるので再考を希望した (風俗1)
他に希望事項なし

(2) 尚 第一稿に於ては「赤穂浪士」を以て世の亀鑑と看做すが如き台詞があったが 当方
希望通り本稿に於ては抹消改訂された

浅草物語	大映

企画　米田治
原作　川端康成
脚本　成沢昌茂
監督　島耕二

浅草を舞台に姉を不幸に陥れた男への一少女の憎悪と悲恋を描く

(1) シーン15「屋上」後半部　男女関係の描写は煽情的にわたらないよう演出上注意
（風俗2）（寝室場に準ずる）

(2) シーン18　シーン101（第五カット）も仝様　（風俗2）

花の生涯	松竹

総指揮　大谷竹次郎
製作　大谷隆三
〃　高村潔
製補　高木貢一
〃　小倉浩一郎
原作　舟橋聖一
脚本　八住利雄
監督　大曽根辰夫

幕末の風雲を背景として大老井伊直弼の人と生涯を描く

希望事項なし

沖縄健児隊
松竹

製作 長島豊次郎
〃 大谷浩通
大田昌秀 外間守善 編「沖縄健児隊」
脚本 沢村勉
監督 岩間鶴夫

師範生徒隊の行動を中心に沖縄戦の悲劇を描く

(1)沖縄戦に取材せるもの故 対米感情に悪影響のないよう慎重なる演出を希望 (国家及社会3)

(2)過度の戦意昂揚と云う点についても同様である (国家及社会4)

部分的には次の二項を希望

(1)シーン95 (壕の中)聞き馴れない米兵の甲高い声が 二声 三声……は対外感情の点から削除 (国家及社会3)

5-5

(2) シーン139 (洞窟の前) 三浦先生の台詞の中「……ガス弾にやられてな……」は毒ガスを使用したように誤解される虞れあり 削除或は訂正 (法律)

ひめゆりの塔姉妹篇 健児の塔	東映

企画 栄田清一郎
脚本 佐伯清
監督 小杉勇

一中生徒隊の行動を中心に沖縄戦の悲劇を描く

(1) 沖縄戦に取材せるもの故 対米感情に悪影響のないよう慎重なる演出を希望 (国家及社会3)

(2) 過度の戦意昂揚と云う点についても同様である (国家及社会4)

赤い自転車

第一映画
全逓従業員組合

製作　伊藤武郎
〃　厚見進
〃　堀田孝一
〃　全逓映画製作委員会
脚本　山形雄策
〃　岩佐氏寿
監督　藤原杉雄
監督補導　山本薩夫

激務に追われつゝ生活と斗う逓信従業員の姿を描く

(1) シーン70　セリフ「金にさえなりゃ　パン助にでも保安隊にでも……」と云々の表現は穏当でない　改訂を希望（国家及社会1）

近世名勝負物語
血闘

大映

企画　岡田熱
原作　村松梢風
脚本　須崎勝弥
〃　高木俊朗
監督　仲木繁夫

拳斗世界選手権獲得に至る一青年の苦斗と彼をめぐる人々の愛情を描く

シーン110　リングサイドで〃老八と万三が十円札をやったり　とったり〃は賭博が公然と許されている感じがするので削って戴きたい（法律１）

若旅侍捕物帖　江戸姿一番手柄	新東宝

製作　伊藤基彦
〃　松木常保
原作　城昌幸
脚本　京中太郎
〃　西尾正紀
監督　青柳信雄

悪老中の陰謀をめぐる怪事件の謎を解く「若旅侍」の活躍物語

(1)シーン17　及びシーン45の婦人の脱衣場面は夫々露骨にすぎることのないよう演出注意希望（風俗２）

(2)プロットの骨子として用いられる〃裸体浮世絵〃はその図柄の選択並びに使用に際してワイセツに堕することのないよう注意して戴きたい（風俗２）

(3) シーン105以下に現われる仇討の件は封建的遺風による仇討と区別しうる如く　服装　演出に留意されたいし　又シーン106の歌詞の一部〃姉と弟の仇討は芝居絵草紙見せたいな〃は出来ならば　仇討讃美に亙らない様な方向に改訂を希望したい（法律3）

籠砂絵呪縛 雪　女　郎 （「籠砂絵呪縛」の改題）	大　映

企画　宮　田　　豊
原作　土　師　清　二
脚本　八　尋　不　二
監督　安　田　公　義

柳沢の陰謀事件をめぐる正邪の葛藤を描く

シーン23　25の浴室の場面は女二人であるし　裸体の演出に注意されたい（風俗2）

11-10

太平洋の鷲（改訂版）

東宝

これはすでに前稿（七月二十五日提出）に於いても懸念されたことでありますが　我々としては　例え如何にあろうとも憲法に従って戦争は否定しなければならないことは申上げるまでもないことでありまして　その点から考える時　この脚本からの一般的な印象では必ずしも戦争自体に対して否定批判されていないかの印象が残ること　云いかえれば　対米英戦争が「勝算なくして」無謀にもなされたと云うことはなるほど十分に描かれても戦争自体に対する否定　批判にまではふれていない　むしろ無批判にそのまゝおかれているかの印象を与えかねないと思われることであります　それは　この作品がたとえ史実的な戦争映画であろうと　或いは平和主義的な軍人を主人物とする戦争悲劇の映画であろうとも　そのこととこのこととは別の問題であります　史実を描き人物を描いても　根本は戦争否定の立場から描かれて欲しいのであります　さもないと倫理規程の精神に反する結果となることであります　その点をよく理解されて　前稿から申上げている諸点に十分留意されかつ次のような条項に訂正注意を望むものであります

(1) 冒頭のタイトルの「二度と同じ失敗を繰返すまいとすればし」の傍線部分「戦争」と云う言葉に訂正していただきたいのです（国家及社会４）

(2) シーン85 ここの軍艦マーチの音楽伴奏は 過度に軍国主義的好戦的な勇壮美にまでならないよう このシーンの長さは適度に止められたいこと これは画になってみないといずれとも申せないことですが こゝに多大の関心を我々がもっていることをよく含んでおいて戴きたいのです（国家及社会４）

(3) 外国への輸出版は映画完成後まで保留させて戴きたく 改ためて御相談したいと思います

(4) 脚本では以上の如くでありますが なお完成映画にまで決定的な意見はあずけさせて欲しいと思いますので これもお含みおき願います

(5) なお 宣伝に関しては 前稿の時申上げた如く慎重にやって戴きたく 殊に惹句 その他前もって御相談戴いて御協力下さるよう願います

薔薇と拳銃（改訂版）	新生プロ

この改訂稿に於いては　なお背景となる特殊な町人しらみ衆の治外法権的な印象に対する批判がなされているのでこの点考慮して欲しい（法律一）
また例え辞職届を出したとは云え　劇中の正義を代表するかに思われる（不死人）が　兇悪なる相手を殺すと発言する点　殺人肯定にならぬよう訂正を望む（法律一）
その他の部分では　すでにこの改訂稿提出と平行して撮影に入っているとか聞くので　一応注意を望み　この部分は製作者の責任に於いてなされたものとして完成映画においてなお注意あれば訂正をのぞむべく　脚本の上では　警官の台詞の一部（決斗と云う台詞）ピストルの扱い方　過度な残酷感などの印象を与えぬよう全体に亘って注意をのぞんだ
なお　ラストの変更部分は　訂正稿として更に補足して提出されたが　これについては完成映画で検討したい旨を伝えた

青春ジャズ娘	新東宝

製作　杉原貞雄
　　　金田良平
脚本　北田一郎
〃　　蓮池義雄
監督　松林宗恵

学生バンドに結ばれた友情と恋愛の物語を唄と音楽で綴る

希望事項なし

すっ飛び千両旅
新東宝

製作 野坂和馬

脚本 三村伸太郎

監督 志村敏夫

道中を転々する千両箱をめぐって恋と人情が織なすユーモラスな物語

希望事項なし

次郎長三国志 第五部

東宝

製作 本木荘二郎
原作 村上元三
構成 小国英雄
脚本 松浦健郎
監督 マキノ雅弘

甲州の猿屋の勘助との喧嘩を中心とした第五部

希望事項なし

誘蛾燈

東宝

製作 藤本真澄
原作 広津和郎
脚本 猪俣勝人
〃 山本嘉次郎
監督 山本嘉次郎

三人の女子学生の恋愛を通じて真実の愛情の姿を描く

5―15

希望事項なし

黒帯嵐

大映

製作　甲斐克彦

脚本　八尋不二

監督　加戸敏

先輩を仆した殺人犯に挑む快青年を描く明治柔道物

希望事項なし

審査集計

規程條項	関係脚本題名及希望個所数		集計
1 國家及社会	「かつぱ六銃士」(自主改訂版)	2	12
	「神変あばれ笠」(前篇)	2	
	「沖縄健児隊」	3	
	「健児の塔」	2	
	「赤い自転車」	1	
	「太平洋の鷲」(改訂版)	2	
2 法律	「地の果てまで」	2	8
	「夕立勘五郎」	1	
	「沖縄健児隊」	1	
	「血闘」	1	
	「江戸姿一番手柄」	1	
	「蕃族と拳銃」(改訂版)	2	

(一1)

希望事項総数——二三

3	宗教	「神変あばれ笠」(後編)	1	1
4	教育	「かつぱ六銃士」(自主改訂版)	1	1
5	風俗	「地の果てまで」	1	10
		「かつぱ六銃士」(自主改訂版)	2	
		「早稲田大学」	1	
		「浅草物語」	3	
		「江戸姿一番手柄」	2	
		「雪女郎」	1	
6	性	「地の果てまで」	1	1
7	残酷醜汚	希望事項なし		0

(— 2

審査映画一覧

○劇映画

審査番号	題名	会社名	巻数	呎数	製作	企画	原作	脚本	演出	主演
一〇八五	金びら先生とお嬢さん	松竹	十	八、七八九	大町龍夫		鳴川草平	光畑碩郎	野村芳太郎	高橋貞二 淡島千景
一〇九九	血斗利根の夕霧	〃	五	三、九五五				田畠恒男	田畠恒男	若杉英二 高千穂ひづる
一〇八三	悲しき瞳	〃	十	八、五四三	久保光三	福島通人		山内久 馬場当	瑞穂春海	美空ひばり 川喜多雄二
一〇二九	天馬往来	〃	十	八、六九四	高木貢一		村上元三	若尾徳平	内出好吉	高田浩吉 高峰三枝子
一一二五	次郎長一家罷り通る	〃	十	七、五一八				松浦健郎	堀内真直	阪東鶴之助 喜多川千鶴
一一〇七	乙女のめざめ	〃	十	八、六一三	山口松三郎		常安田鶴子	椎名利夫	萩山輝男	三橋達也 紙京子

2－3

一〇五九	白魚	東宝	十一	九、二二七	熊谷久虎		真船豊	熊谷久虎	熊谷久虎	上原謙 原節子
一〇九四	青春銭形平次	〃	十	八、四一八	田中友幸		野村胡堂	和田夏十 市川崑	市川崑	大谷友右衛門 杉葉子
九八一	花の中の娘たち	〃	十	八、七五〇	山本嘉次郎			山本嘉次郎	山本嘉次郎	小林桂樹 杉葉子
一〇八八	幸福さん	〃	十	八、三六九	藤本真澄		源氏鶏太	井手俊郎	千葉泰樹	三津田健 田村秋子
一〇八四	祇園囃子	大映	九	七、八二〇		辻久一	川口松太郎	依田義賢	溝口健二	木暮実千代 若尾文子
一〇六四	あにいもうと	〃	十	八、〇一四		三浦信夫	室生犀星	水木洋子	成瀬巳喜男	森雅之 京マチ子
一〇六八	雁	〃	十一	九、六一〇	平尾郁次 黒岩健而		森鴎外	成沢昌茂	豊田四郎	高峰秀子 東野英治郎
一〇四六	続丹下左膳	〃	九	八、一九〇		清水竜之助	林不忘	柳川真一	マキノ雅弘	大河内伝次郎 水戸光子
一〇五四	あばれ獅子	松竹	十一	八、七八七	小倉浩一郎		子母沢寛	八住利雄	大曽根辰夫	阪東妻三郎 山田五十鈴

一一〇三	春雪の門	大映	十	九、〇二五	咏口 一雄		富田 常雄	舘岡謙之助	佐伯 幸三	菅原 謙二 山本 富士子
一〇九三	鞍馬天狗と勝海舟	新東宝 綜芸プロ	七	六、四七二	竹中 美弘		大佛 次郎	高橋 博	池田 富保	嵐 寛寿郎 早川 雪洲
一〇八九	腕くらべ千両役者	新東宝	九	七、八一〇	杉原 貞雄			八住 利雄	斎藤寅次郎	伴 淳三郎 清川 虹子
一一一二	半処女	〃	十	八、一二〇	坂上 静翁			赤坂 長義 岸 松雄	内川清一郎	片山 明彦 左 幸子
一〇九〇	南十字星は偽らず	〃	十	八、一八〇	高木 次郎		山崎アイン	成沢 昌茂	田中 重雄	若原 雅夫 高峰 三枝子
一〇九七	地雷火組	東映	八	七、二七九		大森 康正 高村 将嗣	大佛 次郎	鏡 二郎	並木鏡太郎	大友柳太朗 喜多川千鶴
一〇五五	片目の魔王	〃	十	八、九〇八		大森 康正		比佐 芳武	佐々木 康	片岡千恵蔵 花柳 小菊
一〇三七	新書太閤記 急襲桶狭間	〃			大川 博	マキノ光雄 大森 康正	吉川 英治	棚田 吾郎 舟橋 和郎	松田 定次	市川右太衛門 山根 寿子
一〇七五	江戸の花道	〃				柳川 武夫		井上 梅次	中川 信夫	森田 勘弥 花柳 小菊

く－5

一一二七	神変あばれ笠（前篇）"浪人横丁"より	東映	九	七、九五九		大森康正	山手樹一郎	木下藤吉	渡辺邦男	市川右太衛門 三浦光子
一一二八	神変あばれ笠（后篇）"浪人横丁"より	〃				大森康正	山手樹一郎	木下藤吉	渡辺邦男	市川右太衛門 三浦光子
一〇一九	鉄の花束	中田プロ			中田晴久			中田晴久	中田晴久	
一〇五〇	ひろしま	日本教職員組合			伊藤武郎	日教組		八木保太郎	関川秀雄	岡田英次 山田五十鈴
一〇六五	坊っちゃん	東京映画	十二	九、九九四	加藤譲		夏目漱石	八田尚之	丸山誠治	池部良 岡田茉莉子
一〇二六	蟹工船	現代ぷろ			山田典吾		小林多喜二	山村聡	山村聡	山村聡 日高澄子
一〇七一	君に捧げし命なりせば	新映			大塚和		平林彪吾	新藤兼人 岩杉光夫	若杉光夫	佐野周二 宮城野由美子
一一〇九	かっぱ六銃士	宝塚映画	十	八、〇三七				八住利雄	斉藤寅次郎	伴淳三郎 八千草薫
一一一七	秘めたる母	新映	五	四、一六〇				星川清司 原聡	小田基義	川崎弘子 山内明

○予告篇

一〇八三—T	松竹製作ニュース第一二三号	松竹		悲しき瞳
一〇二九—T	〃 第一二四号	〃		天馬往来
一一二五—T	〃 第一二六号	〃		次郎長一家罷り通る
一〇九四—T	青春銭形平次	東宝		
九八一—T	花の中の娘たち	〃		
一〇八八—T	幸福さん	〃		
一〇二八—T	サラリーマンの歌	〃		
一〇八四—T	大映ニュース第二七五号	大映		祇園囃子
一一〇三—T	〃 第二七六号	〃		春雪の門
一〇四六—T	〃 第二七七号	〃		続・丹下左膳、雁（特報）
一〇六八—T	〃 第二八〇号	〃		雁
一一〇八—T	〃 第二七九号	〃		怪談佐賀屋敷
一〇八九—T	腕くらべ千両役者	新東宝		
一一一二—T	半処女	〃		

C—7

一〇九〇－T	南十字星は偽らず	新東宝			
一一三七－T	江戸姿一番手柄	〃			
一〇三七－T	新書太閤記 急襲桶狭間	東映			
一〇五五－T	片目の魔王	〃			
一〇七五－T	江戸の花道	〃			
一一二七－T	神変あばれ笠（前篇）	〃			
一一二八－T	神変あばれ笠（後篇）	〃			
一〇六五－T	坊っちゃん	東京映画			
一〇二六－T	蟹工船	現代ぷろ			
一〇七一－T	君に捧げし命なりば	新映			
○併映短篇					
E－七一〇	神奈川ニュース第六〇号	神奈川県弘聴課			
E－七一八	〃 第六一号	〃			
E－七三四	茨城ニュースNo.4	茨城県弘聴課			
E－六八九	電源開発進む 火力発電	日映新社	二		関西電力（株）企画

E－七一九	造船 油槽船NEELLY号の建造記録	日映新社			川崎重工KK企画
E－七一一	関門トンネルよみがえる	新理研			
E－七一四	衆議院議長 外交団レセプション	〃			
E－七一二	あかるい街	〃			東京電力（株）の宣伝
E－六七〇	牛乳	読売映画社			
E－七〇三	第二回日本ダービー	〃			
E－七一〇	精密工業の不二越	電通	五	三四〇〇	
E－七二三	ムービー・アド スピード時代	〃			目黒オートバイの宣伝映画
E－六九九	躍進する千葉市	毎日新聞・映画研究室			
E－六〇二	赤線区域	協立映画			
E－七〇二	新生活の村	モーションタイムズ			
E－七二一	再軍備問題を繞り 聯合艦隊を偲ぶ	記録映画保存会			
E－七二七	日本今昔の斗技（スクリーン・スポーツNO25）	プレミア			
E－七二八	一九五三年赤い羽根映画 愛情の町	日本映画			社会福祉法人中央共同募金会企画
E－七二九	晴れたみそらに	東亜発声			日華ゴム宣伝映画

C－8

E－七三八	金砂田楽	茨城映画	
○スポーツニュース			
P－二七二	ムービータイムズ 第二七二号	プレミア	
P－二七三	第二七三号	〃	
P－二七四	第二七四号	〃	
P－二七五	第二七五号	〃	

完成映画数……三三本

内訳＝松竹……七　東宝……四　大映……五

新東宝……四　東映……六　その他……七

それらの予告篇……二四本

内訳＝松竹……三　東宝……四　大映……五

新東宝……六　東映……三　その他……三

併映短篇映画……二〇本

スポーツニュース……四四本

映画カット希望件数……四件

映画審査概要

○乙女のめざめ　　　松竹

六巻目　女子高校生が裸体で湖に飛び込む場面　後姿ではあるが　慣例により削除　（一七呎）（風俗の２　及び教育の２）

○雁　　　大映

第三巻　お常の乳房の大写し　短縮を希望し実行された　（風俗２）（二呎）　意図・効果共に煽情的なものは認められなかったが　聊さか低俗に堕したる嫌いあるによってである

○半処女　　　新東宝

第三巻「第二の性」（本）の大写があるが　シナリオでも削除を希望したところ　明瞭に撮れていまいと云うことだったのでつないで試写して見たところ　やはり明瞭に見えるの

C―11

で削除を希望し実行された　（教育２）（五呎）

○　南十字星は偽らず　　新東宝

北ボルネオの売春婦の部屋の描写中　乳房露出が認められたが　遠景　動きもなく　又ストリップダンス中　その動きに聊さか低俗にわたるものがあったが　何れも辛くも限界内に止まるものと認めたので　單に今后の参考のため留意を喚起しておくにとどめた

○　ひろしま　　日本教職員組合

輸出版に対しては　改ためて検討したい旨を製作者側に伝えた

○　君に捧げし命なりせば　　新映

ストリップショウのシーン削除希望し実行された　（風俗２）（四呎）

○赤　線　区　域　　　協立映画

特飲店二階の部屋の描写（同衾台と覚しき）に稍々図柄としては卑俗と考えられる点もあったが　人身売買を憎む製作意図の強調に強く伴っているので　この作品に於いては支障なきものと判定した

○　再軍備問題を繞り　聯合艦隊を偲ぶ　　記録映画保存会

軍艦マーチの使用についてやや限度を越えているかの印象もないではないので　今后の注意を望みこれはこのまゝとした

尚　輸出版については　改めて検討したい旨を伝えた

C―13

宣伝広告審査概要

○乙女のめざめ　松竹

本映画の宣伝文案中「悶える肉体を抱いて湖水に裸身を躍らす奔放な処女の肢態」の一句は風俗上挑発的である上に映画内容とも相違するので使用中止方を希望した

なおプレス（NO.326）の表に掲載された写真（半裸の女が坐っている傍に男が寝そべっている）は風俗上挑発的なもので使用中止方を希望した（これについては松竹側より各館に対し同写真を切除する様指令したとのことであった）

○半処女　新東宝

本映画の宣伝文案中次の各句は風俗上挑発的なので使用中止方を希望した

◎「水着の下で弾んでいる乳房」（二箇所）

（なおこの文句は「乳房」を「青春」と訂正の上承認した）

◎「先生悪いことをしたら必ず赤ちゃんが出来るんでしょうか？」

◎「体中が燃える一瞬の悦び」

番号43のスチール一枚は姿態が挑発的なので使用中止を希望した

○ 赤線区域　　協立映画

本映画のスチール中　スケール番号2の一枚（特殊飲食店の一室で男女同衾を思わせる場面
壁にヌードの写真がかゝつてゐる）は　風俗上挑発的なので　使用中止方を希望した

c—15

各社封切一覧

封切月日	審査番号	題名	製作会社	備考
松竹				
八月五日	一〇八五	きんぴら先生とお嬢さん	松竹	
八月十二日	一〇五四	あばれ獅子	〃	
八月十九日	一〇八三	悲しき瞳	〃	
八月二十六日	一〇三五	美貌と罪	〃	
東宝				
八月五日	一〇五九	白魚	東宝	
八月十二日	一〇六五	坊っちゃん	東京映画	
八月十九日	一〇九四	青春銭形平次	東宝	
八月二十六日	一一〇九	かっぱ六銃士	宝塚映画	

大映			
八月五日	一〇五八	木曽路の子守唄	大映
八月十二日	一〇八四	祇園囃子	〃
八月十九日	一〇六四	あにいもうと	〃
八月二十六日	一一〇三	春雪の門	〃
新東宝			
八月五日	一〇九三	鞍馬天狗と勝海舟	新東宝
八月十二日	一〇八九	腕くらべ千両役者	〃
八月十九日	S一一二三	宮本武蔵	日活
	一〇七二	新越後情話	ジャパン映画
八月二十六日	一一一二	半處女	新東宝
東映			
八月五日	一〇九七	地雷火組	東映

八月十二日	一〇五五	片目の魔王	東映
	E－七二一	聯合艦隊を偲ぶ	記録映画保存会
八月十九日	一〇七五	江戸の花道	東映
八月二十六日	一一二八	神変あばれ笠（前篇）	〃

映画倫理規程審査記録第五十号

昭和二十八年九月十日発行

発行責任者　池田義信

映画倫理規程管理部事務局

東京都中央区築地三ノ六（映連内）

電話築地(55)二八〇二・〇六九六番

戦後映倫関係資料集　第2回

第4巻　映画倫理規程審査記録（3）

2019年12月25日　発行

監修・解説　中　村　秀　之

発行者　椛　沢　英　二

発行所　株式会社 クレス出版
東京都中央区日本橋小伝馬町14-5-704
☎03-3808-1821　FAX03-3808-1822

印　刷　富士リプロ 株式会社

製　本　東和製本 株式会社

乱丁・落丁本はお取り替えいたします。
ISBN 978-4-86670-061-8（セット）C3374　¥60000E